beck'sche
reihe

W0063522

$\mathbf{b}^{sr}$

Wirtschaftswachstum – was wächst da eigentlich? Was ist eine Rezession? Haben Krisen etwas Gutes? Warum konnte die DDR die Bundesrepublik nicht einholen und überholen? Warum ist Nordamerika reich und Lateinamerika arm? Wie kam Marx darauf, dass im Kapitalismus die Massen verelenden? Ist Globalisierung eine Gefahr für unsere Wohlfahrt? Wächst die Wirtschaft im Paradies?

Hans-Jürgen Wageners klare Antworten auf die 101 wichtigsten Fragen zu Konjunktur und Wirtschaftswachstum machen das tägliche Geschehen in Wirtschaft und Politik verständlich und bieten eine unterhaltsam leichtfüßige Einführung in die ökonomische Wachstumslehre.

Hans-Jürgen Wagener ist Professor emeritus für Volkswirtschaftslehre, insbesondere Wirtschaftspolitik, an der Europa-Universität Viadrina in Frankfurt (Oder). 1999–2000 war er Fellow am Wissenschaftskolleg zu Berlin.

Hans-Jürgen Wagener

Die 101 wichtigsten Fragen

Konjunktur und Wirtschaftswachstum

Verlag C. H. Beck

Mit 5 Grafiken

Originalausgabe

© Verlag C.H.Beck oHG, München 2010
Satz: Fotosatz Reinhard Amann, Aichstetten
Druck und Bindung: Druckerei C.H.Beck, Nördlingen
Umschlagentwurf: malsyteufel, willich
Umschlagbild: © Fotolia/il-fede
Printed in Germany
ISBN 978 3 406 59987 3

www.beck.de

Inhalt

Prosperität und Depression

Das ökonomische Fundament

Institutionen

Wachstumskultur

Vorwort

Wirtschaftswachstum ist ein Phänomen, das wir erst seit 250 Jahren wahrnehmen. Davor stieg die Wohlfahrt, wenn überhaupt, so unmerklich, dass sich die Lebensumstände einer Generation nicht spürbar verbesserten. Und seit ungefähr 250 Jahren, seit den Tagen von François Quesnay (1694–1774) und Adam Smith (1723–1790), können wir auch von einer ökonomischen Wissenschaft sprechen. Was es schon immer gegeben hat, sind wirtschaftliche Wechsellagen, gute und schlechte Jahre. Wenn sie nicht von Kriegen ausgelöst wurden, waren ihre Ursachen bei Gott oder in der Natur zu suchen. Pest und Cholera, Heuschreckenschwärme und Dürreperioden – für eine Sozial- oder Wirtschaftswissenschaft gab es da kaum Ansatzpunkte. Noch der britische Ökonom William Stanley Jevons (1835–1882) versuchte, die Konjunkturschwankungen des 19. Jahrhunderts mit dem zyklischen Auftreten der Sonnenflecken zu erklären.

Die gewaltige Entwicklung von Wirtschaft und Gesellschaft seit der industriellen Revolution hat die Welt stärker verändert als alles, was zuvor geschah. Vor allem hat sie die Welt in arme und reiche, in entwickelte und unterentwickelte Länder getrennt. Erst in allerjüngster Zeit schließt sich die Schere langsam wieder. Mit allen ihr zur Verfügung stehenden Mitteln – das sind vor allem Theoriebildung, Wirtschaftsgeschichte, Statistik und Ökonometrie – versucht die junge ökonomische Wissenschaft, Hintergründe, Abläufe und Auswirkungen der Wachstumsprozesse zu analysieren. Das geschieht nicht nur aus reinem Erkenntnisinteresse. Man möchte auch der Politik die Möglichkeiten aufzeigen, wo und wie in die Prozesse eingegriffen werden kann, um eine kontinuierliche und stabile Entwicklung zu erreichen.

Ökonomische Entwicklung findet nicht im luftleeren Raum statt. Vielmehr ist sie in einen historischen sozio-kulturellen Kontext eingebunden. Was wir konsumieren, wie wir produzieren, wie wir dabei miteinander umgehen, wird von Traditionen und Vorstellungen bestimmt, die nun keineswegs überall auf der Welt gleich sind. Inwieweit dadurch Entwicklung gefördert oder behindert wird, das bringt die vergleichende Analyse ans Licht. Der Blick über die Grenzen ist für das Verständnis der eigenen Entwicklung unerlässlich: «What do they know of England who only England know», wie Rudyard Kipling meinte.

Offensichtlich haben wir reichhaltigen Stoff, um die vielen Fragen zum Phänomen Konjunktur und Wachstum zu beantworten. Sie werden im Folgenden in 10 Themenbereiche gegliedert. Am Anfang stehen Begriffe und Zahlen. Dann geht es um das Ziel der Entwicklung, den Wohlstand oder das Glück, das jeder erstrebt. Wirtschaftswachstum ist nicht zu trennen von der Bevölkerungsentwicklung. Im Konjunkturklima wechseln Hochdruck, Prosperität, und Tiefdruck, Depression, einander ab. Die Theorie des Wachstums behandelt vor allem die fundamentalen Wachstumsfaktoren Arbeit und Kapital, deren Entfaltung von den Institutionen und der Wachstumskultur einer Ökonomie abhängt. Die industrielle Revolution und daraus folgend modernes Wirtschaftswachstum nahmen ihren Ausgangspunkt in Europa. Warum eigentlich? Und warum gelingt es vielen Ländern im Rest der Welt erst jetzt, zu den führenden Industrienationen aufzuschließen? Das ist auch eine Frage an die Wirtschaftspolitik. Zum Schluss kommen die Grenzen des Wachstums zur Sprache.

Man sollte als Wirtschaftswissenschaftler vorsichtig mit Vorhersagen sein – zu oft ist es ganz anders gekommen. Trotzdem glaube ich, dass die Aussichten keineswegs so düster sind, wie manches Zukunftsszenario uns glauben machen will. Die Ökonomie ist vielleicht keine fröhliche Wissenschaft, doch ist sie keinesfalls die *dismal science*, die Thomas Carlyle (1795–1881) in ihr sah.

Kennzeichnend für die Wirtschaft ist die Interdependenz: Alles hängt mit allem zusammen. So auch hier die Antworten zu den einzelnen Fragen. Wollte man die Zusammenhänge mit Querverweisen verdeutlichen, würde das eher verwirren als einen unterhaltsamen Lehrpfad ausschildern. Den findet jeder Leser für sich. Und wenn er weiter suchen möchte, bietet das kurze Literaturverzeichnis am Ende einige Anregungen. Hoffentlich findet er auch unterwegs seinen Spaß!

Friedersdorf, im September 2009
Hans-Jürgen Wagener

Begriffe und Zahlen

1. Wirtschaftswachstum: Was wächst da und was heißt wachsen?

Wachsen ist ein organischer Begriff: Der Baum vor meinem Fenster wächst, mein kleiner Enkel wächst. Wirtschaftswachstum ist eine organische Metapher. Denn was da wächst, «die Wirtschaft», gibt es nicht vor meinem Fenster, sondern nur in meinem Kopf, und folglich ist wachsen hier kein natürlicher Prozess, sondern nur eine Analogie.

Unter Wirtschaft verstehen wir all das, was die Menschen unternehmen, um ihr Leben aufrechtzuerhalten. Das fand in früheren Zeiten im Rahmen eines Haushalts statt, und Ökonomie leitet sich vom griechischen *oikos* – Haus und *nomos* – Gesetz ab: die Haushaltslehre. Im Bayerischen bewirtschaftet der Bauer seine *Ökonomie*, seinen Hof. Die wächst, wenn die Erträge zunehmen, wenn er Land zukauft, wenn mehr Arbeitskräfte, zumeist mithelfende Familienangehörige, tätig werden, wenn er bessere Techniken einsetzt und aus Erfahrung lernt. Damit wird der Bauer reicher. Wachstum ist also erst einmal eine Zunahme an Reichtum.

In der modernen Gesellschaft werden die Güter für den Lebensunterhalt nicht mehr im eigenen Haushalt hergestellt, sondern in ausgelagerten und spezialisierten Produktionsstätten, Betrieben oder Unternehmen. So wurde aus der Ökonomie als Haushaltslehre die Ökonomie als Betriebswirtschaftslehre. Ein Betrieb wächst, wenn er mehr herstellt. Bei Unternehmen, die in der Regel mehr als ein Produkt im Sortiment haben, misst man das «Mehr» nicht in Tonnen Stahl oder Meter Tuch, sondern in Wertgrößen. Unternehmenswachstum kann dann aber Unterschiedliches bedeuten: Zunahme des Umsatzes, der Wertschöpfung, des Gewinns, des Börsenwerts der Unternehmung.

Mit der territorialen Abgrenzung von Staaten entsteht der Begriff der Nationalökonomie oder Volkswirtschaft, und dementsprechend auch der Begriff der Ökonomie als Volkswirtschaftslehre. Die Volkswirtschaft ist die Gesamtheit der individuellen wirtschaftlichen Tätigkeiten, die innerhalb der jeweiligen Grenzen stattfinden. Auch hier strebte man lange Zeit mit Wachstum eine Zunahme des Reichtums an. Nicht von ungefähr lautet der Titel des 1776 erschienenen Hauptwerkes von Adam Smith (1723–90) *Untersuchung über Wesen und Ursachen des Reichtums der Völker*. Was in diesem Zusammenhang Reichtum bedeutet, was man da aufaddiert und wie, das ist bereits ein schwieriges statistisches Problem und eine eigene Frage wert.

Lassen wir die alten Griechen, die bayerischen Bauern und auch Adam Smith beiseite und schauen in ein modernes Lehrbuch der Ökonomie. Dort können wir lesen, Wachstum sei die Zunahme, oder noch allgemeiner die Veränderung des Bruttoinlandsprodukts (BIP) in der Zeit. Das BIP erscheint nun fast wie der Baum vor meinem Fenster als etwas Natürliches, das wächst. Doch so ist es nicht. Es ist vielmehr ein Indikator der Ergebnisse unübersichtlicher gesellschaftlicher Prozesse, dessen Zu- oder Abnahme keineswegs so selbstverständlich ist wie das Wachsen und Absterben eines Baumes. Deswegen dürfen wir hier auch die Frage nach dem Sinn stellen: Brauchen wir Wirtschaftswachstum? Wem dient das Wirtschaftswachstum? Diese Fragen greifen wir am Ende des Buches auf.

2. Was macht den «Reichtum der Völker» aus? Reich ist, wer viel Geld besitzt. Der Satz war sinnvoll, als Geld noch nicht etwas so Nutzloses wie Gold und Silber oder etwas so Abstraktes wie ein Sichtkonto bei der Bank bedeutete, sondern einen Stall voll Kühe. Das lateinische Wort für Geld, *pecunia*, von dem es heißt, es stinke nicht, ist abgeleitet von *pecus*, Vieh.

Für den Einzelnen mag die Gleichsetzung von Reichtum und Geldbesitz noch hingehen, auch wenn ein reicher Bauer selten über viel Geld verfügt, sondern eher über einen großen Hof. Bei einer ganzen Nation führt diese Gleichsetzung aber zu Fehlschlüssen, was schon die Ökonomen des 18. Jahrhunderts ihren Zeitgenossen klarzumachen versuchten. Geld dient der Messung, dem Tausch und der Aufbewahrung von Werten. Aber für sich genommen ist es kein Wert.

Was wertvoll ist, sind Güter, und Güter haben die Eigenschaft, menschliche Bedürfnisse zu befriedigen. Unsere Bedürfnisse sind ein weites Feld. Sie werden von materiellen Dingen und Leistungen befriedigt, z. B. von Brot und Spielen. Aber auch Verhältnisse, wie z. B. Eigentumsrechte und Monopolstellungen, Familienbeziehungen und Freundeskreise, treffen auf Bedürfnisse. Nicht alle davon sind Wirtschaftsgüter in dem Sinne, dass sie auf Märkten getauscht werden und sich in Geld bewerten lassen. Ökonomen beschränken sich in der Regel auf Wirtschaftsgüter. Geht es aber um Entwicklung, d. h. um die Befriedigung menschlicher Bedürfnisse, sollte man den sehr viel weiteren Raum der allgemeinen «Güter» nicht aus den Augen verlieren, deren Zunahme erstrebenswert erscheint.

Der Einzelne kann sich für Geld die Werte, d. h. die Güter beschaffen, die er zu benötigen glaubt. Aber alle Einzelnen zusammen, eine Nation kann das nicht – sie muss die Werte produzieren, die sie konsumieren möchte. Reich ist folglich die Nation, die viele Güter hervorbringt und zwar im Verhältnis zu ihrer Bevölkerung. Und so sollten wir eher nicht von reichen und armen Ländern sprechen, sondern von produktiven und weniger produktiven Ländern.

3. Finden wir das Bruttoinlandsprodukt wirklich so wichtig? Entwicklungsökonomen, die sich mit den Problemen unterentwickelter Länder beschäftigen, sehen im Bruttoinlandsprodukt (BIP) und seinem Wachstum zwar ein notwendiges Mittel, Armut zu überwinden. Doch das eigentliche Ziel ist menschliche Entwicklung, ein Prozess, der ganz allgemein den Freiheitsraum der Menschen erweitert. Auch dieses Ziel lässt sich in einem quantitativen Indikator erfassen, z. B. dem *Human Development Index*, wobei die materielle Entwicklung, der Gegenstand des BIP, nur einen Aspekt unter mehreren darstellt. Hinzu kommen die körperlichen und geistigen Grundlagen, die sozialen Beziehungen und politische Freiheiten und Sicherheiten.

Das BIP gibt die im Inland entstandene Wertschöpfung wieder. Sie führt zu Einkommen, die sowohl Inländern wie Ausländern zufließen wie z. B. Kapitalerträge, die an ausländische Eigentümer inländischer Unternehmen überwiesen werden. Wenn man den Blickwinkel wechselt und fragt, welche Einkommen den Inländern zufließen, dann erhält man das Bruttosozialprodukt. Es unterscheidet sich vom BIP dadurch, dass die Einkommen der Ausländer nicht berücksichtigt werden, dafür aber die Erwerbs- und Vermögenseinkommen der Inländer aus dem Ausland, also z. B. die Einkommen von Pendlern, die in Frankreich arbeiten, aber in Deutschland wohnen. Das BIP betont den Produktivitätsaspekt einer Wirtschaft, das Bruttosozialprodukt den Einkommensaspekt.

Das BIP ist erst einmal eine statistische Konvention, mehr nicht. Man könnte sich auch auf eine andere Konvention verständigen, so wie das die sozialistischen Planwirtschaften taten, die in ihrem produzierten Nationaleinkommen neben den physischen Gütern nur die so genannten produktiven Dienstleistungen erfassten. Schon Adam Smith hielt Dienstleistungen für nicht produktiv. Sie befriedigen zwar Bedürfnisse, gehen aber nicht in den Reichtum der Völker ein, denn sie sind nicht lagerfähig und damit nicht vermögensbildend. Als Indikator für die Produktivität einer Nation ist das BIP höchst unvollkommen. Dafür war es ursprünglich auch nicht gedacht. Die Volkswirtschaftliche Gesamtrechnung, die das BIP ausweist und die zwischen 1930 und 1960 entwickelt wurde, sollte vor allem als Informationssystem für eine aktive Wirtschaftspolitik dienen. Sie kann jedoch – das ist der Einwand der Entwicklungsökonomen – zu einer Fehllenkung der Politik führen, wenn man das BIP als Zielgröße absolut setzt und andere menschliche Bedürfnisse vernachlässigt.

Man könnte nun meinen, es interessiere uns eigentlich nur, was am Ende für unseren Konsum herauskommt. Das wäre allerdings etwas zu kurz gedacht. Denn das gesellschaftliche Produkt eines Jahres kann auf dreierlei Weise verwendet werden: Wir können es konsumieren, investieren, d. h. für die Produktion in kommenden Jahren vorsehen, oder exportieren. Sehen wir vom Export einmal ab, dem ja Importe gegenüberstehen, dann schränken die Investitionen den vollen Genuss des Endprodukts ein: Investieren heißt, auf Konsum verzichten oder sparen. Das ist eine Voraussetzung für wirtschaftliches Wachstum.

Genau besehen sind die Güter, die das BIP bilden, nur Güter, die über den Markt gehandelt werden oder zumindest prinzipiell gehandelt werden könnten. Nicht dazu zählen also die Leistungen, die man innerhalb des Haushalts erbringt. Das ist keine Geringschätzung der Hausfrauen und Hausmänner, sondern einfach praktisch begründet: Die Leistungen haben keinen Marktpreis und müssten deshalb mit einem hypothetischen Preis bewertet werden, und auch ihr Umfang lässt sich nur schwer messen. Für das Wachstum macht das wenig aus, da sich die Gewohnheiten nur langsam ändern. Im internationalen Vergleich jedoch erscheint ein Land, in dem vieles im Haushalt geschieht, unter sonst gleichen Bedingungen ärmer als ein Land, in dem die Frauen außer Haus arbeiten und häusliche Dienste vom Markt erbracht werden.

Ein weiteres Problem liegt darin, dass manches «Gut» mit einem «Übel» untrennbar verbunden ist. Die Ökonomen messen im BIP nur den Nutzen, den die Güter stiften, und nicht den Schaden, den sie anrichten. Das Auto geht mit seinem Wert in das Aggregat ein. Die Umweltkosten, die seine Nutzung verursacht, werden dagegen nicht abgezogen.

4. Wie misst man, ob die Wirtschaft wächst? Das ist gar nicht so einfach. Denn wenn die Wirtschaft die Gesamtheit aller produktiven Tätigkeiten einer Gesellschaft ist, dann handelt es sich da um Millionen von Gütern, die entweder konsumiert werden oder in die Produktion anderer Güter eingehen. Zählen wir die Tätigkeiten des Bauern, des Müllers und des Bäckers so zusammen, dass wir den Wert ihrer Produkte Getreide, Mehl und Brot aufaddieren, dann kommt es zu Doppelzählungen, da ja der Wert des Getreides im Mehl und der des Mehls im Brot enthalten sind.

Uns interessiert aber vor allem der jeweilige Eigenbeitrag, den wir Mehrwert nennen. So ist die Summe des in einem Jahr erstellten Mehrwerts aller Produzenten in einem Land das Bruttoinlandsprodukt (BIP). In unserer Produktkette Getreide, Mehl und Brot muss die Summe der von Bauer, Müller und Bäcker gelieferten Eigenbeiträge im Marktpreis für das Brot entgolten werden. Deshalb würde es genügen, im BIP nur den Wert der in den Endverbrauch eingehenden Güter – in diesem Fall des Brots – zu zählen. Das ist aber aus praktischen Gründen nicht möglich. Denn selbst das Brot kann noch als Material in ein anderes Endprodukt eingehen, zum Beispiel die Käsestulle am Imbiss-Stand.

Das BIP wächst oder schrumpft, oder es bleibt gleich. Genau besehen bleibt über die Zeit jedoch nichts gleich. Was wir heute konsumieren, unterscheidet sich in tausend Einzelheiten von dem, was unsere Vorfahren vor zwei- oder dreihundert Jahren verwendeten, und sehr viele heutige Güter gab es damals noch gar nicht. Grundsätzlich mag es gleichgültig erscheinen, ob ich zum Bader gehe und mich scheren lasse oder einen Elektrorasierer verwende: Ein Bedürfnis ist befriedigt – der Bart ist ab. Die Kosten für die gleiche Leistung, Entfernen des Bartes, sind heute wesentlich niedriger als damals. Der Rasierapparat ersetzt die Dienstleistung des Friseurs, der qualifiziertere Tätigkeiten ausüben muss. Das nennen wir Produktivitätssteigerung – eine wesentliche Voraussetzung für Wirtschaftswachstum.

Haben wir nun zwei Güterpakete vor uns, das BIP 1710 und das BIP 2010, und fragen, um wie viel Letzteres größer ist, dann wäre alles ganz einfach, wenn beide Pakete aus exakt den gleichen Gütern beständen, nur jeweils um, sagen wir, 200 % mehr, und wenn die Preise unverändert geblieben wären. Eine Verdreifachung des BIP ließe sich leicht feststellen. So ist es aber nicht. Alles verändert sich: die Verbrauchsgewohnheiten und damit die Produktionsstruktur, die Spezifikation der Produkte, die Produktionskosten und damit die Preise. Neue Produkte kommen hinzu, alte verschwinden. Die Statistiker stehen hier vor einem Berg von Problemen mit der Folge, dass sich das Wirtschaftswachstum, auch wenn es auf zwei Stellen hinter dem Komma angegeben wird, nicht exakt messen lässt. Die Probleme werden geringer, wenn wir das Wachstum nicht über dreihundert, sondern nur über drei Jahre messen, aber sie verschwinden nicht.

5. Nominales oder reales Wachstum? Im Bruttoinlandsprodukt werden die im Laufe eines Jahres produzierten Güter in Wertgrößen ausgedrückt, um sie aufaddieren zu können. Denn Äpfel und Birnen lassen sich nicht zusammenzählen. Zur Umrechnung von Mengen auf Werte dienen die Marktpreise. Die haben meistens eine Tendenz zu steigen, und damit steigt auch der Wert des BIP, selbst wenn sonst gar nichts passiert ist. Ein solches nominales Wachstum nennen wir natürlich nicht Wirtschaftswachstum. Darunter verstehen wir nämlich nur eine Zunahme der real verfügbaren Gütermenge.

So entsteht die Notwendigkeit, aus den nominalen Größen des BIP den Effekt der Preissteigerung, der Inflation, herauszurechnen. Durch die Inflation nimmt die Kaufkraft des Geldes ab, und diese Kaufkraftveränderung soll gemessen werden. Keine einfache Aufgabe. Kaufkraft misst man an den Kosten eines gegebenen Warenkorbs. Aber welcher Korb? Das BIP 2009 setzt sich materiell aus anderen Waren zusammen als das BIP 2010, denn es gibt neue Produkte. Vor allem werden sich die Gewichte der einzelnen Güter in diesem Korb etwas verschieben: Mit steigendem Einkommen wird mehr Fleisch und werden weniger Kartoffeln konsumiert.

Vergleiche ich nun die Kosten eines festgelegten Warenkorbes in beiden Jahren, so erhalte ich eine Preissteigerungsrate. Diese Preissteigerungsrate fällt etwas anders aus, je nachdem ob ich den Korb des Jahres 2009 oder 2010 dafür heranziehe. In der Regel für den Korb 2010 etwas niedriger, denn das Gewicht jener Güter, die von 2009 bis 2010 besonders stark im Preis gestiegen sind, nimmt tendenziell ab, da die Leute weniger davon kaufen und sie durch preisgünstigere ersetzen. Daraus folgt, dass es keine «wahre» Inflationsrate gibt. Wir können die Entwicklung von Wertgrößen nicht auf eindeutige Weise in Mengeneffekte und Preiseffekte zerlegen. Im Normalfall können wir die Differenzen zwischen zwei Jahren vernachlässigen. Doch über längere Zeiträume laufen sie zu beträchtlichen Unterschieden auf.

Analog zur gerade beschriebenen Preissteigerungsrate (auch Preisindex genannt) lässt sich für das BIP die mengenmäßige Zunahme, die Wachstumsrate, berechnen. Dabei werden die jeweiligen Mengen entweder mit den Preisen von 2009 oder mit den Preisen von 2010 bewertet. Das Indexproblem bleibt das gleiche: Die Wachstumsrate ist in Preisen von 2009 etwas anders als in Preisen von 2010. Als Ergebnis erhalten wir eine (zugegeben etwas unscharfe) reale Steigerungsrate für das BIP, die uns sagt, um wie viel sich die verfügbare Gütermenge verändert hat.

6. Lassen sich der Wohlstand im alten Rom und im heutigen Berlin miteinander vergleichen? Wirtschaftswachstum ist ein historisches Phänomen. Wir können das Bruttoinlandsprodukt pro Kopf der Bevölkerung des Jahres 2010 mit dem des Jahres 2009 vergleichen und feststellen, dass es um, sagen wir, 1,5 % gestiegen ist. Hätten wir die entsprechenden Daten, könnten wir das Wachstum Jahr für Jahr zurückverfolgen, immer weiter zurück bis zum Beginn der christlichen Zeitrechnung. Ausgehend von einer konkreten Produktivität im Jahre 2010 ergäbe sich ein BIP pro Kopf im Jahre 0.

Wir haben diese Daten nicht. Halbwegs verlässlich lässt sich das Wirtschaftswachstum keine 200 Jahre zurückverfolgen. Aber mit grob geschätzten Daten ist eine solche Rechnung von Angus Maddison aufgemacht worden. Danach liegt das BIP pro Kopf im heutigen Berlin ungefähr 23 mal höher als im alten Rom. Das ist ziemlich genau der gleiche Abstand wie gegenwärtig zwischen Bangladesch und Deutschland. Heißt das, der heutige Lebensstandard in Bangladesch gibt uns einen Hinweis auf das Niveau im alten Rom? Das klingt reichlich absurd: die luxuriöseste und größte Stadt der Antike im goldenen, augusteischen Zeitalter und eines der ärmsten Länder der heutigen Welt.

Wir wissen zwar auch, dass ungefähr ein Drittel der italischen Bevölkerung Sklaven waren, die in jeder Beziehung knapp gehalten wurden. Und auch das römische Proletariat lebte nicht gerade im Luxus, der den obersten Schichten der Reichen vorbehalten blieb. Trotzdem kann der Vergleich nur sehr abstrakt dem Verständnis dienen. Zu unterschiedlich sind die Umstände, die Lebens- und Verbrauchsgewohnheiten, die Vorstellungen und Erwartungen der Menschen, ihre Vorlieben und Abneigungen. All das schlägt sich in der Güterproduktion nieder und auch im Nutzen, den die Menschen daraus ziehen.

Die Gütermengen, die wir zwischen dem alten Rom und dem heutigen Berlin vergleichen würden, sind so unterschiedlich, von der Befriedigung der Grundbedürfnisse einmal abgesehen, dass eine Quantifizierung des Unterschieds kaum sinnvoll erscheint.

Das heißt aber nicht, dass historische Wachstumsvergleiche sinnlos sind. In der näheren zeitlichen Umgebung eines konkreten Datums sind unsere Preis- und Warenkorbprobleme beherrschbar und entsprechende Wachstumsraten aussagefähig. So können wir zumindest einen Eindruck gewinnen, wie sich Wirtschaftswachstum im Laufe der Zeit entwickelt hat.

7. Seit wann wächst die Wirtschaft? Über die ersten 1000 Jahre unserer Zeitrechnung wissen wir wenig, außer dass das hohe technische, und damit wohl auch ökonomische Niveau des römischen Reiches in Verfall geriet. Wirtschaftswachstum ist ein Phänomen der Neuzeit. Zwar gab es schon immer Veränderungen der Wohlfahrt. Zumeist wurden sie aber als zyklische Schwankungen zwischen guten und schlechten Zeiten wahrgenommen. Und es gab reiche und arme Länder, worin sich Produktivitätsunterschiede niederschlugen. Diese Unterschiede waren im Vergleich zu heute jedoch gering. Erst mit Beginn des modernen Wirtschaftswachstums im 19. Jahrhundert hat man das Phänomen wirklich wahrgenommen und zum Gegenstand theoretischer Überlegungen und bewusster Wirtschaftspolitik gemacht.

Durchschnittliches Wachstum des BIP pro Kopf im zweiten Millennium, in %

Periode	West-europa	USA	Japan	China	Indien
1000–1500	0,13		0,03	0,06	0,04
1500–1820	0,14	0,36	0,09	0,0	–0,01
1820–1870	0,98	1,34	0,19	–0,25	0,0
1870–1913	1,33	1,82	1,48	0,10	0,54
1913–1950	0,76	1,61	0,88	–0,62	0,22
1950–1973	4,05	2,45	8,06	2,86	1,40
1973–2003	1,87	1,86	2,08	5,99	3,14

Quelle: Maddison 2007: 383

Die Angaben der Tabelle taugen als Indikator für die langfristige Entwicklung, obwohl sie für die erste Hälfte des Jahrtausends nicht unumstritten sind. Die Wachstumsunterschiede zwischen 1000 und 1800 scheinen minimal. Doch wirken sie sich über einen so langen Zeitraum erheblich aus. Das zeigt die Grafik, die nur Westeuropa und China miteinander vergleicht (wobei die vertikale Achse in logarithmischem Maßstab eingeteilt ist, damit die Unterschiede im unteren Bereich sichtbar bleiben).

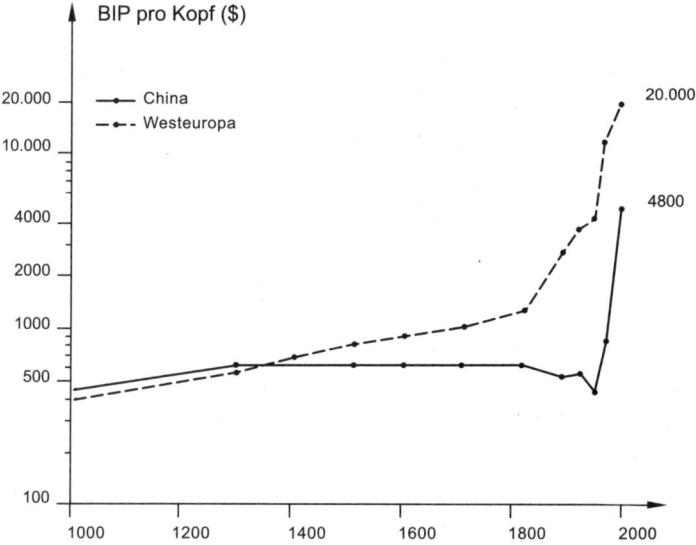

Wirtschaftswachstum in Westeuropa und China 1000–2003, in internationalen $ von 1990 (vertikale Achse logarithmisch)

Als grobe Charakterisierung der Entwicklungsgeschichte können wir drei Tatsachen festhalten:

- Westeuropa und seine nach ihrer Eroberung europäisch besiedelten Kolonien haben vom Mittelalter bis zum Anfang des 19. Jahrhunderts einen kaum spürbaren Wachstumsprozess durchgemacht, der von tiefen Einschnitten (Pest, Kriege) unterbrochen war.

- Mit der industriellen Revolution setzte ein erheblich höheres Wachstum ein, das sich auch bis Ende des 20. Jahrhunderts beschleunigte, wiederum von Einschnitten (z. B. den Weltkriegen) unterbrochen.

– Die asiatischen Hochkulturen – in China zu Beginn sogar über dem europäischen Niveau – stagnierten bis 1870, um dann zuerst in Japan und etwa 100 Jahre später in China und Indien das moderne Wirtschaftswachstum aufzunehmen.

8. Wie groß sind die Produktivitätsunterschiede in der Welt? Die Produktivität einer Wirtschaft wird oft an Hand der Gütermenge gemessen, die sie pro Kopf der Bevölkerung hervorbringt, also an Hand des Bruttoinlandsprodukts pro Kopf. Vom technischen Standpunkt ist es sinnvoller, das BIP pro geleisteter Arbeitsstunde zu betrachten. Denn sowohl die demographische Struktur, d. h. der Anteil der Bevölkerung im arbeitsfähigen Alter, wie auch die Arbeitsgewohnheiten, d. h. die in einem Jahr geleisteten Arbeitsstunden, verursachen bei gleicher technischer Produktivität Unterschiede im BIP pro Kopf der Bevölkerung. Dennoch lässt sich das BIP pro Kopf als Indikator für den Wohlstand der Nation verwenden, auch wenn es kein idealer Indikator ist.

Geht es nun darum, die Produktivität verschiedener Länder miteinander zu vergleichen, dann tauchen die gleichen Probleme auf, die wir im Zusammenhang mit der Messung des Wachstums bereits kennen gelernt haben. Denn wie beim Wachstum, das Gütermengen in der Zeit vergleicht, sollen auch hier verschiedene Gütermengen miteinander verglichen werden, nur im Raum. Ein naives Herangehen an die Aufgabe könnte das BIP Deutschlands mit dem gerade gültigen Wechselkurs in US-Dollar umrechnen und dann mit dem BIP der USA vergleichen. Das ist wenig sinnvoll, da der Wechselkurs täglich schwankt und nicht notwendigerweise die Kaufkraftunterschiede der beiden Währungen wiedergibt. Es gilt also einen Indikator zu finden, der die räumlichen Kaufkraftunterschiede in ähnlicher Form anzeigt wie der Preisindex die zeitlichen. Das sind die so genannten Kaufkraftparitäten. Sie können auch innerhalb eines Währungsgebietes berechnet werden: Die Kaufkraft eines Euro ist beispielsweise in Griechenland höher als in Deutschland.

Dass die Berechnung der Kaufkraftparitäten und damit der internationale Vergleich der Produktivität nicht zu eindeutigen Ergebnissen führt, macht folgende Tabelle deutlich. Sie basiert auf zwei durchaus vertrauenswürdigen Quellen, der Weltbank (ICP) und der OECD

BIP pro Kopf der Bevölkerung, USA = 100

Land	Maddison 2003	ICP 2005
USA	100	100
China	16,5	9,8
Indien	7,4	5,1
Bangladesch	3,2	3,0
Japan	73,1	72,7
Deutschland	65,9	73,2
Frankreich	75,3	71,1
Spanien	58,6	64,4

Quellen: Maddison (2007: 382); ICP (2007)

(Maddison), die jedoch mit unterschiedlichen Methoden an das Problem herangegangen sind.

Ob China bereits 16 % des amerikanischen Produktivitätsniveaus erreicht hat oder nur 10 %, das macht für den chinesischen Bürger schon einen Unterschied. Doch das können wir eben nicht genau feststellen. Die Tabelle macht unmissverständlich deutlich, dass es auf der Welt eine gewaltige Kluft zwischen der Produktivität und damit auch der Wohlfahrt der reichen und der armen Länder gibt. Denn Bangladesch ist kein Einzelfall. Zahlreiche Länder in Afrika südlich der Sahara haben ein ähnliches oder sogar noch niedrigeres Niveau. In den USA ist der Lebensstandard 30-mal, in Deutschland etwa 23-mal höher als in diesen Ländern.

9. Wer führt die Wachstumstabelle an?   Zur Zeit ist das unbestritten China, das seit 1978 ein über 30 Jahre ununterbrochenes Produktivitätswachstum von durchschnittlich 6 % aufweist. Das bedeutet, dass sich das Bruttoinlandsprodukt pro Kopf ungefähr alle 12 Jahre verdoppelt, seit 1978 also fast verachtfacht hat. In den ersten 30 Jahren nach dem Zweiten Weltkrieg nahm Japan die Spitzenposition ein mit einer Wachstumsrate um 8 %. Dadurch gelang es den Japanern, ihre Wohlfahrt auf das westeuropäische Niveau anzuheben.

In der Vergangenheit treffen wir in etwas größeren Zeiträumen regelmäßig Wechsel in der Führungsposition an. Das zeigt folgende Tabelle:

Produktivitätsunterschiede: BIP pro Kopf 1000–2003

Land	1000	1500	1600	1700	1820	1870	1913	1950	1973	2003
Westeuropa	100	100	100	100	100	100	100	100	100	100
Italien	105	143	129	110	93	76	74	76	93	96
Niederlande	100	99	162	214	153	141	117	131	115	108
Ver. Königr.	94	93	115	125	142	163	142	152	105	107
Frankreich	100	94	99	91	94	96	101	115	115	110
Deutschland	96	89	93	91	90	94	106	85	105	96
Spanien	105	86	100	86	84	62	59	48	67	85
USA	94	52	47	53	105	125	153	209	146	146

Quelle: Maddison 2007: 382

Der Hinweis auf die Problematik der Daten ist bereits obligatorisch. Ob also die Niederlande 1820 noch und die USA 1913 schon vor Großbritannien lagen, ist unsicher, aber auch unerheblich. Worum es geht, ist der periodische Wechsel in der Führungsrolle. Jedes Einholen und Überholen setzt logischerweise eine höhere Geschwindigkeit voraus.

Im Mittelalter blühte in den oberitalienischen Städten der Handelskapitalismus. Diese Entwicklung wurde im 15. und 16. Jahrhundert von Brügge, Gent und Antwerpen in Flandern aufgenommen. Die spanische Politik führte Ende des 16. Jahrhunderts zur Trennung der Niederlande. Dabei wanderte mit einem beträchtlichen Teil der Bevölkerung auch das Zentrum wirtschaftlicher Aktivität nach Holland und Seeland ab. Die industrielle Revolution in der zweiten Hälfte des 18. Jahrhunderts ließ an Stelle des Handelskapitalismus den Industriekapitalismus als führende Wirtschaftsform entstehen. Und da stand England 100 Jahre lang an der Spitze. Anfang des 20. Jahrhunderts überquerte der Fortschritt den Atlantik. In den USA nahm der Kapitalismus die Massenproduktion auf, um schließlich in die Dienstleistungsgesellschaft überzugehen.

Wachstum und Wohlstand

10. Gesellschaftlicher Wohlstand – gibt es den überhaupt? Als Indikator für den Wohlstand einer Nation wird oft das Bruttoinlandsprodukt (BIP) pro Kopf verwendet (genau genommen wird die inländische Produktion noch ergänzt durch die Differenz von Import und Export). Das ist also die Gütermenge, über die jeder Einwohner im Durchschnitt verfügen kann, sei es um sie zu konsumieren, sei es um sie zur Erweiterung künftiger Konsummöglichkeiten zu investieren. Ein höheres BIP pro Kopf impliziert einen höheren Wohlstand. Das klingt plausibel, und die meisten normalen Menschen würde das auch so sehen. Nur nicht die Ökonomen.

Ökonomen gehen vom Individuum aus. Der Einzelne bezieht seinen Wohlstand unter anderem aus dem Nutzen der Güter, die er verbraucht. Wie hoch dieser Nutzen ist, macht jeder für sich aus, und so lassen sich die individuellen Nutzen auch nicht untereinander vergleichen. Die Möglichkeiten des neuesten *iPhone,* die meinen Nachbarn begeistern, lassen mich kalt. Hinzu kommt, dass wir zwar eine Vorstellung davon haben, ob ein Güterpaket mehr oder weniger wünschenswert ist als ein anderes, aber kaum den Unterschied quantifizieren können. Daraus folgt, dass sich die individuellen Nutzen als Maß des Wohlstands des Einzelnen nicht in Zahlen ausdrücken und, weil untereinander nicht vergleichbar, schon gar nicht aufaddieren lassen.

Hier liegt ein grundsätzliches Problem: Gibt es ein objektives Maß für den gesellschaftlichen Wohlstand oder ein objektives Verfahren, diesen zu ermitteln, das ohne eine ethische Aussage, ohne ein Werturteil auskommt? Die Antwort der Ökonomen darauf lautet schlicht: Nein! In den mathematischen Folterkammern der ökonomischen Wohlfahrtstheorie verursacht diese Aussage Höllenqualen. Die praktische Politik setzt sich darüber souverän hinweg und erklärt: Ein höheres BIP ist ein besseres BIP. Das ist ein Werturteil, und ohne solche kommt die Politik nun einmal nicht aus.

Wer sich schon einmal ein wenig mit Ökonomie beschäftigt hat, mag nun einwenden: Da gibt es doch das Pareto-Prinzip, nach dem ein Zustand A (ein BIP A) einem Zustand B (einem BIP B) vorzuziehen ist, wenn mindestens eine Person dadurch besser und niemand schlechter gestellt wird. Das stimmt, und wo die Bedingung gegeben ist, sind wir fein raus. Nur ist in der Regel wirtschaftliches Wachstum mit strukturellem Wandel verbunden: Innovative Sektoren steigen auf, alte Industrien werden abgebaut. Dass dabei kurzfristig Einzelne schlechter gestellt werden, lässt sich kaum vermeiden. Man denke nur an die Hausindustrie der Weber nach Einführung der Textilfabriken. Gesellschaftliche Wohlfahrt ist also kein objektives Datum, sie ist nicht nur eine Frage der verfügbaren Gütermenge, sondern auch ihrer Bewertung.

11. Was ist Wohlfahrt, was ist Glück? Wenn gesellschaftliche Wohlfahrt von der Gesamtheit der Wohlfahrt der Einzelnen gebildet wird, stellt sich die Frage, worin die Wohlfahrt des Einzelnen beruhe. Damit hat sich die Philosophie seit den Tagen der alten Griechen und Römer beschäftigt und sehr unterschiedliche Antworten gegeben. Glückseligkeit (griechisch *eudaimonia*) wird allgemein in der Befriedigung der Bedürfnisse gesehen. Doch dann scheiden sich die Geister. Die einen (Hedonisten, Utilitaristen) lassen den Bedürfnissen einen sehr weiten Raum, wodurch eine Zunahme der Menge der verfügbaren Güter nicht in Widerspruch zum Glück gerät, sondern eher dazu beiträgt. Die anderen (Stoiker, aber auch die christliche Glückslehre) sehen in der Beschränkung der Bedürfnisse oder gar in der Ablehnung der materiellen Bedürfnisse eine Voraussetzung für das glückliche Leben. «König ist, wer nichts begehrt», schrieb Seneca, der übrigens einer der reichsten Männer seiner Zeit war. Etwas subtiler gibt Epiktet die Empfehlung, nichts zu begehren, worauf man selbst keinen Einfluss hat. Er wusste, wovon er schrieb, denn er war als Sklave geboren. Es lässt sich leicht vorstellen, dass diese beiden Grundhaltungen zu sehr unterschiedlichen Wirtschaftsgesinnungen führen und sich so auf die Entfaltung von Wachstum und Wohlstand auswirken.

Die ökonomische Wissenschaft hat sich jüngst wieder intensiv der Frage nach dem Glück zugewandt, allerdings nicht von der ethisch-normativen, sondern von der positiven, wertneutralen Seite: Wessen bedarf es, dass die Menschen mit ihrem Leben zufrieden sind? Dieses neuerliche Interesse erklärt sich aus der intuitiven Einsicht, dass das BIP oder einfach Geld nicht ausreichen, um Menschen zufrieden und glücklich zu machen. Befragungen, aber auch psychologische Tests, die Hunderttausende in zahlreichen Ländern der Welt erfassen, versuchen die Umstände und Tatsachen herauszufinden, die auf die Zufriedenheit der Menschen Einfluss haben. Geld mache nicht glücklich, heißt es, aber... Und in der Tat, wer mehr davon hat als andere, tendiert zu höherer Zufriedenheit. Allein dabei bleibt es nicht. Bildung, Arbeitsplatzsicherheit, und zwar unabhängig von der Entlohnung, familiäre Sicherheit, Gesundheit, Vertrauen in die Institutionen, all das trägt zur Zufriedenheit bei. Umgekehrt, wer arbeitslos, geschieden oder krank ist, fühlt sich unglücklich.

Das Resultat ist nicht weiter erstaunlich. Hat die Sozialwissenschaft mal wieder etwas herausgefunden, was jedem normal Denkenden selbstverständlich ist? Ganz so einfach liegen die Dinge nicht, denn es gibt da auch unerwartete Ergebnisse. Das führt uns zur nächsten Frage. Und auf der anderen Seite ist es auch den Ökonomen schon länger bekannt, dass Geld allein nicht glücklich macht. Sonst hätten sie sich nicht so intensiv mit Sozialpolitik, Arbeitsmarktpolitik, Bildungspolitik und Gesundheitspolitik beschäftigt. Dahinein fließt der größte Teil der Staatsausgaben, deren allgemeines Ziel es doch wohl ist, die Wohlfahrt der Bürger zu steigern.

12. Macht «mehr» glücklich? Lange Zeit galt das so genannte Easterlin-Paradox als revolutionäres Ergebnis der ökonomischen Glücksforschung, das die Fundamente der Wirtschaftspolitik erschüttert. Richard Easterlin hatte festgestellt, dass innerhalb eines Landes Menschen mit höherem Einkommen zwar glücklicher seien als Menschen mit niedrigem Einkommen. Untersuchte er den Zusammenhang jedoch über die Länder hinweg und über die Zeit, dann schien es, dass reichere Länder im Durchschnitt nicht glücklicher seien als ärmere, und dass Einkommenswachstum über die Zeit nicht die Zufriedenheit in einem Land erhöhe.

Easterlins Erklärung: Oberhalb eines gewissen Minimaleinkommens erfreut man sich weniger an der absoluten Höhe des Einkommens, sondern eher daran, mehr als andere zu haben, und zwar nur in der engeren Umgebung. Und mit steigendem Einkommen passt man seine Ansprüche und Erwartungen an. Es ist also nicht das stoische Ideal der Bedürfnislosigkeit, das sich hierin äußert, sondern umgekehrt eine Dynamik der unbefriedigten Wünsche. Easterlin zog daraus den etwas voreiligen Schluss, dass Wirtschaftswachstum als Ziel der Wirtschaftspolitik überbewertet sei, da die wenigsten davon glücklicher werden. Etwas voreilig deshalb, weil wir wissen, dass Lebenserwartung, Gesundheit, Bildung, politische Stabilität und Freiheit, d. h. die Elemente, die erklärtermaßen zur Zufriedenheit der

Menschen beitragen, eng mit dem materiellen Entwicklungsniveau eines Landes verknüpft sind.

Das Paradox ist allerdings durch neueste Untersuchungen von Betsey Stevenson und Justin Wolfers weitgehend entzaubert worden. Die beiden Autoren haben noch umfangreichere Datensätze ausgewertet, die sich inzwischen auch über längere Zeiträume erstrecken. Im Ergebnis fanden sie heraus, dass nicht nur innerhalb eines Landes die Leute mit hohen Einkommen zufriedener sind als jene mit niedrigen Einkommen. Auch über die Länder hinweg steigt die durchschnittliche Zufriedenheit mit dem Durchschnittseinkommen. Selbst über die Zeit lässt sich mit wachsendem Einkommen eine wachsende Zufriedenheit feststellen, was allerdings weniger ausgeprägt ist.

Wir werden es aus Datengründen nie erfahren, aber es scheint doch wenig wahrscheinlich, dass die Vervielfachung des Konsums materieller Güter, die wir über die letzten 200 Jahre beobachten können, auch nur annähernd eine entsprechende Steigerung des individuellen Glücks mit sich gebracht hat. Anders könnte es mit den bereits genannten übrigen Elementen der Zufriedenheit sein, mit Gesundheit, Bildung, Freiheit und Gleichheit. Auch hier steigt wahrscheinlich mit wachsender Bedürfnisbefriedigung das Anspruchsniveau. Aber das Unglück, das vor 200 Jahren Kindersterblichkeit oder Chancenlosigkeit über die Menschen brachte, hat mit der Entwicklung abgenommen. Das Durchschnittseinkommen oder das BIP pro Kopf der Bevölkerung dient als Indikator für Wohlstand, aber es verkörpert nicht den Wohlstand. Dazu gehört mehr als nur die Verfügung über materielle Güter. Und mehr von diesem Mehr macht wohl zufriedener.

13. Warum behauptete Marx, im Kapitalismus würden die Massen verelenden? Der Kapitalismus hat eine bis dahin ungeahnte Entfaltung der Produktivität mit sich gebracht, aber die Wohlfahrt der Arbeitermassen wird sich dadurch nicht verbessern. Im Gegenteil, die Arbeiter werden im Kapitalismus verelenden. Wie kommt ein so kluger Ökonom wie Karl Marx (1818–1883) zu dieser Behauptung? Ökonomen verwenden Modelle und halten sie für ein Abbild der Wirklichkeit. Solange die beobachteten Verhältnisse der Modellaussage nicht eklatant widersprechen, sind sie von ihrem Modell überzeugt. So auch Karl Marx.

Sein Modell ist ganz einfach. Im Kapitalismus werden Waren mit einem Marktpreis versehen. Der Preis bestimmt sich nach den Produktionskosten. Auch die Arbeit ist im Kapitalismus eine Ware, ihr Preis sind die Reproduktionskosten der Arbeit. Diese mögen historisch-kulturelle Unterschiede aufweisen, ihre Untergrenze ist jedoch der blanke Subsistenzlohn, d. h. der Lohn, der den Arbeiter gerade am Leben und Arbeiten erhält. Durch die kapitalistische Produktivitätssteigerung sinken die Reproduktionskosten der Arbeit – es wird zunehmend günstiger, Lebensmittel für die Arbeiter herzustellen. Damit sinkt der relative Anteil der Arbeit am Bruttoinlandsprodukt. Das kann man relative Verelendung nennen. Die Substitution von Arbeit durch Kapital sorgt außerdem dafür, dass die Nachfrage nach Arbeit immer geringer bleibt als ihr Angebot, wodurch der Lohn nie über das Subsistenzniveau hinauskommt. Mit den verheerenden Arbeitsbedingungen im Kapitalismus gehen für die Arbeiter Verschlechterungen bei Gesundheit, Jobzufriedenheit, Sicherheit usw. einher. Eine absolute Verelendung scheint evident.

Als Marx diese Modellaussagen machte, schrieb man das Jahr 1865. Der kapitalistische Aufschwung in der ersten Hälfte des 19. Jahrhunderts ließ die Durchschnittslöhne eher sinken als steigen. Die Arbeits- und Lebensbedingungen zu dieser Zeit schrieen zum Himmel, wie 1845 sein Freund Friedrich Engels (1820–1895) in dem Buch *Die Lage der arbeitenden Klasse in England* gezeigt hatte. Ganz offensichtlich stützte die Empirie die theoretische Hypothese. Allerdings fand bereits in den vierziger Jahren des 19. Jahrhunderts ein Umschwung statt, was Marx nicht mehr wahrnahm. Seitdem ist der Lebensstandard der breiten Bevölkerung ständig gestiegen.

Zwei Umstände haben Marx' Vorhersage entkräftet. Zum einen kann die kleine Gruppe der Kapitalisten nicht alles konsumieren und investieren, was die steigende Produktivität hervorbringt. Sie ist darauf angewiesen, dass die arbeitende Bevölkerung sich die produzierten Waren leisten kann und kauft. Das hebt den Gegensatz zwischen Kapital und Arbeit nicht auf. Nur lässt es die Lohnauseinandersetzung zu einem Gang auf des Messers Schneide werden: Einerseits braucht man zusätzliche Kaufkraft, um die wachsende Produktion abzusetzen, andererseits sind höhere Löhne Kosten, die die Wettbewerbsfähigkeit beeinträchtigen. Das Zeitalter der Massenproduktion und des Massenkonsums setzte allerdings erst nach dem Tod des Propheten ein.

Zum zweiten erlitt Marx' Vorhersage das typische Schicksal einer unheilvollen ökonomischen Vorhersage. Wenn die Leute sie für realistisch halten, werden sie etwas unternehmen, um das Unheil nicht eintreten zu lassen, was es dann auch nicht tut. So haben sich die Arbeiter korporativ zusammengeschlossen und politisch organisiert, um in Tarifverhandlungen eine Gegenmacht zum Kapital zu bilden. Und die Furcht vor dem an die Wand gemalten Klassenkampf lässt auch die herrschende Klasse und den Staat reagieren. Das Sozialversicherungssystem, das Bismarck noch zu Marx' Lebzeiten auf den Weg brachte, war ein erster Schritt in Richtung soziale Marktwirtschaft.

14. Hat eine egalitäre Gesellschaft eine höhere Wohlfahrt? Machen wir ein Gedankenexperiment! Gegeben sei eine bestimmte Produktionskapazität, d. h. die Zahl der verfügbaren Arbeitsstunden und Maschinen sei fixiert. Damit lassen sich unterschiedliche, in Bezug auf ihre Produktionskosten aber gleiche Güterpakete herstellen. Ihre Zusammenstellung hängt von den Vorlieben und der Kaufkraft der Konsumenten ab, also von der Einkommensverteilung. Sind die Einkommen sehr ungleich verteilt, dann werden wahrscheinlich mehr Luxusautos produziert, sind sie gleich verteilt, mehr Kleinwagen. Die Güterpakete, die mit der gleichen Produktionskapazität hergestellt werden, unterscheiden sich also in ihrer materiellen Zusammensetzung und auch in ihren Preisen. Das sich daraus ergebende Bruttoinlandsprodukt hat unterschiedliche numerische Werte. Stellt deshalb eines eine höhere Wohlfahrt dar als ein anderes? Das schon erwähnte Pareto-Prinzip hilft uns hier nicht weiter, denn offensichtlich gibt es da keine zwei Situationen, in denen mindestens eine Person besser und niemand schlechter gestellt wird.

Nun könnte man ja behaupten, dass mit einem höheren Einkommen weniger wichtige (oder weniger «richtige») Bedürfnisse befriedigt würden als mit einem niedrigen, und dass folglich die Gesamtheit der Bedürfnisbefriedigung, die gesellschaftliche Wohlfahrt, bei einer gleichen Einkommensverteilung maximiert werde. Das Argument hakt aber in mehrfacher Hinsicht. Denn selbst wenn wir die individuellen Nutzen miteinander vergleichen könnten (was objektiv nicht möglich ist): Die Menschen sind unterschiedlich. Ein Behinderter oder Kranker zieht aus dem gleichen Einkommen einen geringeren Nutzen als ein Gesunder (damit werden Steuerfreibeträge für Behinderte begründet). Auch lässt sich die Behauptung, die Befriedigung eines Luxusbedürfnisses sei weniger wichtig als die eines Grundbedürfnisses, objektiv kaum verifizieren. Sie ist ein Werturteil, wahrscheinlich ein breit akzeptiertes. Hinzu kommt die dynamische Funktion des Einkommens: Es dient nicht nur der Bedürfnisbefriedigung, sondern auch als Leistungsanreiz. Für das Wirtschaftswachstum ist dies von entscheidender Bedeutung.

Und doch ist die Anschauung weit verbreitet, eine Gesellschaft mit einer fairen Einkommensverteilung sei wohlfahrender als mit einer weniger fairen. Auf dieser Vorstellung basiert jede Sozialpolitik. Der Begriff der Fairness macht den ethischen Charakter deutlich. Bei Aussagen über Verteilung kommen wir um Werturteile nicht herum. Und im Begriff der Wohlfahrt steckt eben auch ein Urteil über ihre Verteilung. Die relevanten Werturteile sollten nun so wenig kontrovers wie möglich sein. Ein außenstehender Beobachter oder ein wohlmeinender Diktator als «Richter» sind unrealistische Fiktionen. Die Sozialphilosophie und die Theorie der Gerechtigkeit bemühen sich, Kriterien zu definieren, die sich verallgemeinern lassen und deshalb auf breite Zustimmung rechnen können.

Kulturelle Unterschiede sind aber nicht zu übersehen. Der gesellschaftliche Konsens in den USA und in Europa weist offensichtlich Unterschiede auf. Die Armut des Nachbarn «stört» in Amerika die individuelle Wohlfahrt weniger als in Europa, bzw. die Gesellschaft überlässt es dort dem Individuum, falls es ihn «stört», auch individuell etwas dagegen zu unternehmen, z. B. wohltätig zu werden. Und der Reichtum einiger belegt den amerikanischen Traum, die Chance nämlich, es selbst auch schaffen zu können. Eine Gesellschaft, die Chancen eröffnet, wird unter sonst gleichen Bedingungen höher geschätzt als eine, die dem Einzelnen keine Perspektive auf Besserung seiner Lage bietet.

15. Hatte Ludwig Erhard recht: Wohlstand durch Wachstum? In der immer wiederkehrenden Auseinandersetzung um die Frage, was den Wohlstand einer Nation mehr fördere, der Abbau der Einkommensungleichheit durch Umverteilung oder die generelle Zunahme der Einkommen durch Wirtschaftswachstum, hat Ludwig Erhard (1897–1977) einen klaren Standpunkt eingenommen: Nur Wachstum schafft Wohlstand. Vor dem Hintergrund der neuesten ökonomischen Glücksforschung und von Gerechtigkeitsvorstellungen, die sich am Schicksal der am wenigsten Begünstigten orientieren (John

Rawls' Differenz- oder Unterschiedsprinzip), ist dieser Standpunkt diskussionswürdig.

Wie für den Ökonomie-Nobelpreisträger von 1974 Friedrich August von Hayek (1899–1992) war auch für Erhard Gerechtigkeit ein «Wieselwort», ein kaum zu fassender Begriff. Ihm schien sonnenklar, dass ein kleineres Stück von einem großen Kuchen mehr sei als ein gleiches Stück von einem kleinen Kuchen. Eine wachsende Wirtschaft kann mehr Bedürfnisse befriedigen – darüber bestanden angesichts des niedrigen Niveaus, auf dem sich Deutschland nach 1945 befand, kaum Zweifel. Eine wachsende Wirtschaft braucht zudem Anreize, um die notwendigen Leistungen zu stimulieren, Anreize, die z. B. von einer hohen Steuerprogression abgeschwächt werden.

Heutzutage heißt so etwas Angebotspolitik und wird als Neoliberalismus heftig kritisiert. Ludwig Erhard hatte gegen die Bezeichnung als Neoliberaler nichts einzuwenden. Allerdings bedeutete es für ihn etwas anderes als «Turbokapitalismus», nämlich eine Abgrenzung vom *laissez-faire* der Altliberalen. Die Neoliberalen der damaligen Jahre, die Freiburger Schule unter Walter Eucken (1891–1950), Hayek, Wilhelm Röpke (1899–1966) und eben Ludwig Erhard, plädierten für eine Marktwirtschaft, in der ein entschlossener Staat den Wettbewerb kontrolliert und aufrechterhält. Der Markt bedarf strikter Regeln, was nach der Finanzkrise 2008 wieder allseits gefordert wird.

In Fragen der Umverteilung, d. h. in der Sozialpolitik, blieben allerdings auch die damaligen Neoliberalen sehr zurückhaltend. Als Wirtschaftsminister der Bundesrepublik war Erhard jedoch klug genug, Professor Alfred Müller-Armack (1901–1978) in sein Ministerium zu berufen. Müller-Armack, weniger Neoliberaler als Sozialliberaler, hatte einen Kompromiss zwischen Wachstumspolitik und Sozialpolitik unter dem Begriff «Soziale Marktwirtschaft» formuliert. Dieses Ordnungsmodell wurde für die stabile Wirtschaftsentwicklung entscheidend. Die Soziale Marktwirtschaft ist kein deutscher Sonderweg. Der Sozialstaat oder Wohlfahrtsstaat kennzeichnet auch die übrigen westeuropäischen Länder nach dem Zweiten Weltkrieg, deren Wachstum in dieser Periode ungewöhnlich hoch war. Soziale Orientierung und Wachstum schließen sich also nicht unbedingt gegenseitig aus.

16. Wirtschaftswunder – ein deutscher Sonderweg? Das deutsche Wirtschaftswunder ist so etwas wie der Gründungsmythos der Bundesrepublik. Und wie ein Wunder muss es den Leuten in den

1950er und 1960er Jahren erschienen sein, dass sich nach dem zweiten «Dreißigjährigen Krieg» ein ungekannter Wohlstand ausbreitete. In der Zeit von 1914–1945 hatte es zwar ein gewisses Wirtschaftswachstum gegeben, aber die zusätzlichen Güter wurden über weite Perioden für zerstörerische Kriegszwecke verwendet, und die Lebensumstände waren für den Einzelnen durch die beiden Kriegsabschnitte und die Weltwirtschaftkrise dazwischen extrem schwierig.

Der darauf folgende gewaltige Aufschwung über fast dreißig Jahre hinweg machte rasch den verlorenen Boden wett. Die prekären Wohnverhältnisse besserten sich zusehends, und die Schaufenster signalisierten Massenkonsum. Ein deutsches Wunder? Schaute man über die Grenzen, dann konnte man feststellen: Überall im westlichen Kontinentaleuropa spielte sich dieses Wunder ab, von Japan ganz zu schweigen.

Wachstum des BIP pro Kopf

Land	1913–1950	1950–1973	1973–2003
Deutschland[1]	0,17	5,02	1,80
Österreich	0,18	4,94	2,14
Italien	0,85	4,95	1,98
Frankreich	1,12	4,04	1,72
Japan	0,88	8,06	2,08
Großbritannien	0,93	2,42	1,93
USA	1,61	2,45	1,86

[1] 1945–1990 nur Westdeutschland
Quellen: Maddison 2001: 178; 2007: 383

Die mittleren 30 Jahre dieser 90-jährigen Periode waren *les trentes glorieuses*, wie sie in Frankreich heißen. Großbritannien und die USA kannten das Wirtschaftswunder nicht, da ihre Wirtschaft durch den Krieg nicht zusammengebrochen war. Damit ist auch bereits eine erste Erklärung für das Wunder geliefert: der Wiederaufbau. Die zweite ist der Aufholprozess gegenüber der technisch führenden Wirtschaft der USA. Aufholen findet sozusagen im Windschatten des Führenden statt und erlaubt deshalb ein höheres Tempo. Vorausgesetzt, die institutionellen und die außenwirtschaftlichen Bedingungen stimmen und die notwendigen Investitions- und Arbeitsanstrengungen werden geleistet. In den letzten 30 Jahren war dieses Wachstumspotential dann weitgehend erschöpft. Die Aufholenden treten aus dem Windschatten, und die Wachstumsraten gleichen sich auf einem niedrigeren Niveau aneinander an.

Das Wirtschaftswunder der *trentes glorieuses* ist kein Wunder, aber es ist doch eine Periode außerordentlicher Prosperität. Wir kennen dafür keine historischen Vorbilder. Das «Wunder» hat sich danach noch einmal wiederholt, nämlich in China von 1978 bis 2008.

Bevölkerungswachstum und der Reichtum der Völker

17. Was haben Bevölkerungswachstum und der Reichtum der Völker miteinander zu tun? «Die Macht und Stärke eines Staats beruhet großen Theils auf der Volkreichheit desselben, gleichwie im Gegentheil die Schwäche durch den Mangel der Einwohner verursacht wird», schrieb Justus Chr. Dithmar (1677–1737), der erste Inhaber eines ökonomischen Lehrstuhls in Deutschland. Zu Zeiten Friedrich Wilhelms I. und Friedrichs des Großen war Wachstumspolitik vor allem Peuplierungspolitik, d. h. das Bestreben, mehr Menschen im eigenen Land anzusiedeln. Wie auch anders, war doch Arbeitskraft die wichtigste produktive Ressource (und Reservoir für die Rekrutierung von Soldaten). Heutzutage finden wir die Länder mit dem höchsten Bevölkerungswachstum unter den Ärmsten der Armen. Wie kommt es zu diesem Widerspruch?

Nach modernem Verständnis bedeutet Wirtschaftswachstum ein wachsendes Realeinkommen pro Kopf der Bevölkerung. Nun ist die Wachstumsrate des Bruttoinlandsprodukts pro Kopf gleich der Differenz der Wachstumsrate des BIP insgesamt und der Wachstumsrate der Bevölkerung. Sind die beiden Letzteren längerfristig gleich, dann findet kein Realeinkommenswachstum statt. In der vormodernen Situation war das auf einem sehr niedrigen Niveau der Fall (Wachstumsraten zwischen 0,1 und 0,5 %). Es kann aber auch auf erheblich höherem Niveau passieren: Afrika hatte in den 30 Jahren von 1973 bis 2003 ein Bevölkerungswachstum von jährlich 2,6 % und ein Wachstum des BIP von 3,0 %. Da bleibt für eine Zunahme der Wohlfahrt nicht viel übrig (zum Vergleich Westeuropa im gleichen Zeitraum: Bevölkerung 0,3 % und BIP 2,2 %).

Zu Zeiten Friedrichs II. befand sich Deutschland in der vormodernen Situation: Bevölkerungswachstum und Wirtschaftswachstum waren eng miteinander verbunden. Dabei bleibt unklar, wie die Kausalitäten verlaufen. Die wirtschaftliche Entwicklung stimuliert das Bevölkerungswachstum, aber eine größere Bevölkerung ermöglicht über einen vergrößerten Markt ein höheres Potential für Arbeitsteilung und Produktivitätssteigerungen. Wenn Friedrich nach Trockenlegung und Besiedelung des Oderbruchs erklärt, er habe im Frieden eine Provinz hinzugewonnen, dann reflektiert er dieses extensive Wachstum. Das preußische BIP hatte auf jeden Fall zugenommen, die Wohlfahrt der Bevölkerung möglicherweise auch.

Ob ein hohes Bevölkerungswachstum sich günstig auf die wirtschaftliche Entwicklung auswirkt oder nicht, kommt auf Umstände und Umgebung an. Wo es ungenutzte Ressourcen, vor allem Bodenreserven, gibt, kann eine wachsende Bevölkerung eine positive Wachstumsspirale in Gang setzen. In den USA ist die Bevölkerung von 1820 bis 1913 vor allem auf Grund der Einwanderung jährlich um durchschnittliche 2,5 % gewachsen, das BIP um 4,1 %. Der Bodenreichtum machte das Land darüber hinaus zum größten Agrarexporteur. In China und Indien blieb die Wohlfahrt bei erheblichen Schwankungen über Jahrhunderte mehr oder minder konstant. Die Erschließung neuer Territorien, vor allem in Südchina, und die Intensivierung der Bodennutzung ermöglichten Bevölkerungswachstum, mehr aber nicht.

18. 1000 Jahre Bevölkerungswachstum – wie war das möglich?

Die Erde ist ein begrenzter Raum mit begrenzten Möglichkeiten. Sie trägt auch nur eine begrenzte Zahl von Menschen. In der Biologie ist das selbstverständlich. Die Mücke *Drosophila* z. B. muss ihren Lebens- und Nahrungsraum als unveränderlich gegeben hinnehmen. Nicht so der Mensch, der die Nutzung des Raums und die Ergiebigkeit der vorhandenen Ressourcen durch Entdeckungen, Erfindungen, Forschung und Entwicklung, durch Innovation also, erweitern kann. Und so war die Zahl der Menschen, die eine bestimmte Region ernähren konnte, zu jeder Zeit beschränkt, aber über die Zeit ist sie stetig gewachsen, mal langsamer, mal rascher. Das ist eine spannende Geschichte.

Zwei grundlegende Veränderungen, zwei Revolutionen haben diese Geschichte geprägt. Die eine fand vor etwa 10 000 Jahren statt – die agrarische Revolution. Die Menschen, die bis zu dieser Zeit ihre Nahrung gesammelt und gejagt hatten, gingen dazu über, ihre Nahrung zu produzieren, indem sie sesshaft wurden und sich Wildpflanzen und wilde Tiere aneigneten, d. h. Ackerbau und Viehzucht betrieben. Die zweite setzte vor etwa 250 Jahren ein – die industrielle Revolution. Die Nutzung fossiler Energien und die Anwendung systematisch entwickelter Wissenschaft und Technologie revolutionierten ein zweites Mal die Produktionsmethoden und ebenso das Sortiment der hergestellten Güter.

Beide Revolutionen hatten tiefgreifende Folgen für die Entwicklung der Bevölkerung, denn sie ließen eine erheblich höhere Zahl an

Menschen zu. Für die wissenschaftlich-technische Revolution können wir das relativ exakt nachzeichnen, wobei der Stabilisierungsprozess noch nicht abgeschlossen ist. Für die agrarische Revolution sind wir auf indikative Vermutungen angewiesen. In der agrarischen Gesellschaft stieg die Obergrenze stabiler Bevölkerungsentwicklung nur sehr langsam nach Maßgabe der Produktivitätsverbesserungen an. Nachweisbar wurde diese Zunahme erst für das letzte Millennium.

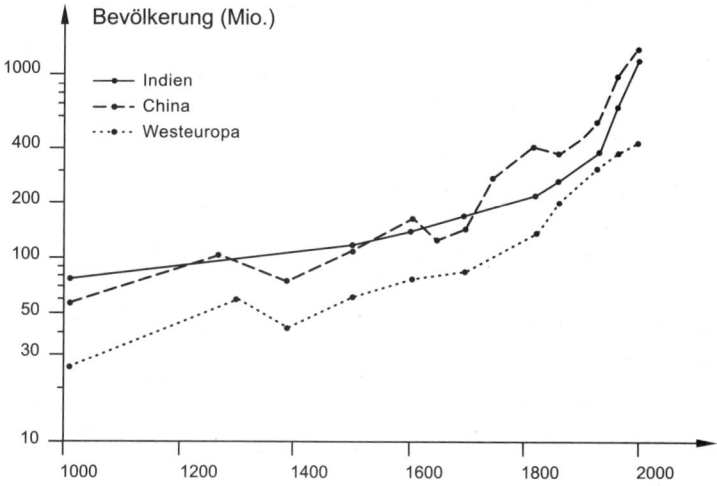

Bevölkerungswachstum in Westeuropa, China und Indien (ab 1950 nur Indische Union), 1000–2003 (vertikale Achse logarithmisch)

Quellen: Maddison 2003: 249; Maddison 2007: 376.

In China haben natürliche und soziale Katastrophen wiederholt zu tiefen Einschnitten in das Bevölkerungswachstum geführt, wie z. B. die Schwarze Pest im 14. Jahrhundert, die auch Europa erfasste (für Indien bleibt sie nur auf Grund mangelnder Daten unsichtbar). Doch langfristig ist die chinesische Bevölkerung ebenso wie die indische rascher gestiegen als die europäische. Dagegen hat die Wohlfahrt in China und Indien über Jahrhunderte nicht zugenommen. Die chinesische und indische Bevölkerung hat sich also an der Kapazitätsgrenze der Ressourcen bewegt, die ein durchaus bemerkenswertes Wirtschaftswachstum immer weiter hinausschieben konnte. Europa hat einen Teil seines Wachstums in Wohlfahrtssteigerung umsetzen können, wodurch die Bevölkerungsentwicklung stabilisiert wurde und die Einschnitte immer weniger tief ausfielen.

19. Warum galt Reverend Thomas Malthus als trostloser Ökonom?

Zu Beginn des 19. Jahrhundert galt die Ökonomie in England als *dismal science*, als trostlose Wissenschaft. Diese Bezeichnung brachte ihr vor allem Thomas Robert Malthus (1766–1834) mit seiner Bevölkerungstheorie ein. Denn Malthus behauptete, langfristig könne die Wohlfahrt nicht steigen.

Grundlage dieser Aussage ist Malthus' Theorie des Bevölkerungswachstums. Unter günstigen Umständen bekommen die Menschen mehr Kinder, als für eine stabile Bevölkerung erforderlich wäre. Das führt in der Tendenz zu einem exponentiellen Bevölkerungswachstum. Die Umstände halten allerdings damit nicht Schritt, d. h. vor allem die Nahrungsgrundlage vermehrt sich bestenfalls linear. Und daraus folgt, dass jede Verbesserung der Umstände zu erhöhtem Bevölkerungswachstum führt, das aber rasch an seine Grenzen stößt, da die Nahrungsknappheit Krankheiten und Kriege nach sich zieht. Produktivitätsgewinne und Wirtschaftswachstum schlagen sich längerfristig in einer wachsenden Bevölkerung nieder, so dass reiche Länder bevölkerungsreiche Länder sind. Auch wenn der Lebensstandard nicht wesentlich zunimmt, können diese produktiveren Länder sich manches leisten, wofür es in weniger entwickelten Ländern nicht reicht: Kultur, Bildung, aber auch ein starkes Militär.

Als Malthus seine Theorie 1798 veröffentlichte, hatte das moderne Wirtschaftswachstum und das damit einhergehende, zeitlich etwas verzögerte Wachstum der Realeinkommen gerade noch nicht eingesetzt. Die Erfahrung, auf die er sich stützen konnte, war in Europa ein über die Jahrhunderte kaum wahrnehmbares Wohlfahrtswachstum. In den asiatischen Hochkulturen blieb die Wohlfahrt längerfristig konstant. Hier wiederholt sich, was wir bei Marx' Verelendungsthese schon kennen gelernt haben: Ökonomische Vorhersagen basieren auf einem theoretischen Modell und empirischen Daten, die logischerweise nur die Vergangenheit widerspiegeln. Diese Vergangenheit wird somit in die Zukunft projiziert. Findet jedoch ein Strukturbruch statt, wie die industrielle Revolution, dann sind die stabilen Verhaltensparameter der Vergangenheit für die Zukunft nichts mehr wert – das Verhalten ändert sich, und die Vorhersage tritt nicht ein. Den Strukturbruch vorherzusagen, also zum Beispiel die industrielle Revolution und ihre Folgen, selbst wenn man sich wie Malthus mitten darin befindet, ist fast unmöglich. Woher sollte er wissen, dass sich damit das Reproduktionsverhalten der Menschen grundlegend ändern wird?

Dennoch blieb die malthusianische Situation – ein Bevölkerungswachstum, das ein bescheidenes Wirtschaftswachstum ausgleicht – für viele Länder bestimmend. Das moderne Wirtschaftswachstum fand im 19. Jahrhundert erst einmal nur in Europa und in jenen Kolonien statt, die von England aus besiedelt wurden.

20. Sinkt unser Wohlstand, wenn es immer mehr Menschen gibt? Bisher ist das nicht passiert. Bis zur industriellen Revolution, also bis ins 18. Jahrhundert, ist die Bevölkerung – sei es der Welt oder Europas – sehr langsam gewachsen und ebenso der Wohlstand der Menschen. Danach setzten in Europa und in seinen Ablegern jenseits der Meere ein rapides Bevölkerungswachstum und eine rasante Zunahme der Realeinkommen ein. Die meisten übrigen Weltregionen, vor allem China und Indien, haben ebenfalls ein starkes Bevölkerungswachstum erfahren, allerdings bis in die allerneueste Zeit keinen rasanten Anstieg des Wohlstands. Gesunken ist der Wohlstand dort aber nicht.

Das sind die langfristigen Trends. Kurzfristig kann das Bild ganz anders aussehen, vor allem in den vorindustriellen Agrargesellschaften. Hier wirkten die Kräfte, die Malthus beschrieben hatte. Ein Bevölkerungswachstum, das die Ressourcen bzw. die Produktivität überspannte, konnte im Zusammenspiel mit Missernten, Epidemien oder Kriegen zu Katastrophen führen, die die Bevölkerung regional um 20 oder gar 50 % reduzierten. Die Schwarze Pest nach 1348 ist das dramatischste Beispiel, weil es nicht regional begrenzt blieb, sondern ganz Europa und Asien erfasste. Deutschland hat noch einmal im Dreißigjährigen Krieg einen solchen Einbruch erlebt. Die irische Hungersnot von 1845–52 ließ die Bevölkerung Irlands rasch um ungefähr 30 % fallen, nachdem in den 50 vorangegangenen Jahren eine Bevölkerungsexplosion stattgefunden hatte.

Da wir Wohlstand nicht nur über die verfügbare Gütermenge definieren, sondern auch Elemente wie Stabilität und Sicherheit mit einbeziehen, lässt es sich kaum bestreiten, dass übermäßiges Bevölkerungswachstum die Wohlfahrt vermindert. Die Krisenregionen der heutigen Welt sind die Regionen mit dem höchsten Bevölkerungswachstum, allen voran das Afrika südlich der Sahara. Ob das Phänomen auch auf die entwickelte Welt übergreifen kann, ob eine ungebremste Zunahme der Weltbevölkerung den dortigen Wohlstand in Mitleidenschaft zieht, das ist eine spekulative Frage. Denn die Ressourcenbeschränkungen sind noch immer relativer Natur: Technischer und sozialer Fortschritt haben bislang eine wachsende Bevölkerung und wachsenden Wohlstand ermöglicht. Die Logik diktiert den Schluss, dass das nicht *ad infinitum* möglich sein wird. Anstatt eines langfristigen Wohlstandsrückgangs ist jedoch eine Stabilisierung der Bevölkerungsentwicklung wahrscheinlicher.

21. Warum sind reiche Länder kinderarm? Die Transformation von einer traditionalen Agrargesellschaft in eine moderne Industriegesellschaft wird vom so genannten demographischen Übergang begleitet. In der traditionalen Gesellschaft waren Fruchtbarkeit und Sterblichkeit hoch, aber fast gleich: Die Frauen bekamen zahlreiche Kinder, von denen die meisten nicht das Erwachsenenalter erreichten. Die Lebenserwartung war folglich niedrig und das Bevölkerungswachstum langsam. In der modernen Gesellschaft sind Fruchtbarkeit und Sterblichkeit niedrig und ebenfalls fast gleich: Die Frauen bekommen nur wenige Kinder, die aber in der Regel erwachsen werden. Die Lebenserwartung ist hoch und die Bevölkerung wächst wieder langsam, wenn überhaupt.

Nur im Übergang vom einen zum anderen Regime fallen Fruchtbarkeit und Sterblichkeit auseinander. Und zwar sinkt erst die Sterblichkeit auf Grund des medizinischen und hygienischen Fortschritts, was dort, wo dieser Fortschritt «erfunden» wurde, im Westen also, langsam erfolgte. In den Ländern der Dritten Welt, in denen der Fortschritt nachholend eingeführt wird, kann der Prozess rascher ablaufen. Die Fruchtbarkeit passt sich hingegen nur allmählich an die neue Situation an. Dieser Prozess ist sehr viel weniger technologisch bedingt, sondern vom Verhalten der Menschen abhängig. Deshalb kann er schneller oder langsamer erfolgen. In der Übergangsphase fallen Fruchtbarkeit und Sterblichkeit weit auseinander, und so steigt die Bevölkerung rapide an.

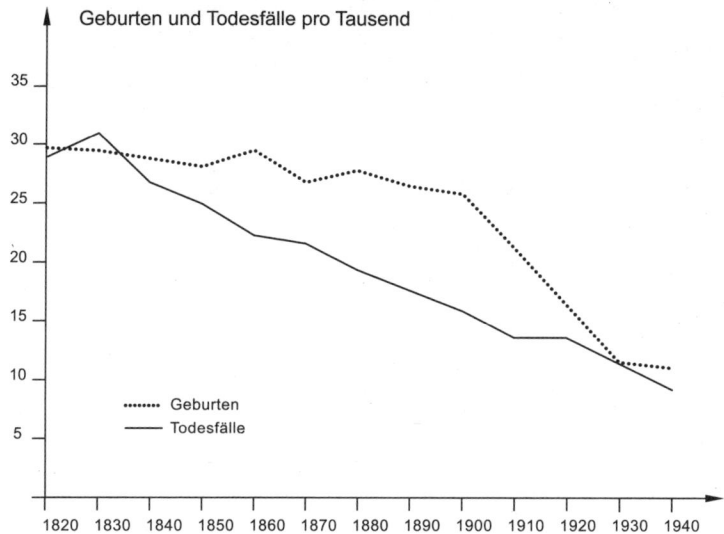

Der demographische Übergang in Schweden

Quelle: Cipolla 1978: 105

Die reichen Industrieländer haben den demographischen Übergang längst abgeschlossen, und ihre Fruchtbarkeitsrate liegt in den meisten Fällen unter der Reproduktionsrate von 2,1. Die armen Entwicklungsländer vor allem in Afrika und Asien befinden sich dagegen noch in der Phase des raschen Bevölkerungswachstums.

Aber warum ziehen die Reichen, die es sich doch leisten könnten, kleine Familien vor, während die Armen mit ihren großen Familien in einer Art Armutsfalle verharren? Das lässt sich nur aus den individuellen Entscheidungen und aus traditionalen Verhaltensmustern erklären. Bei individuellen Entscheidungen hält sich die Ökonomie für zuständig, auch wenn sie Eheschließung oder Familienplanung betreffen. Gary S. Becker, der für seine Ökonomie der Familie 1992 den Nobelpreis erhielt, sah sich oft dem Vorwurf des Wilderns auf fremdem Boden ausgesetzt: Was hat die Ökonomie da verloren? Laut Becker unterliegt Familienplanung einem normalen Kosten-Nutzen Kalkül. Die Nettokosten eines Kindes sind gleich dem Wert der Güter, die es konsumiert, plus dem Wert der Zeit, die seine Eltern auf es verwenden, minus den Einkünften, die es dem Familieneinkommen hinzufügt. Die Wohlfahrt der Familie wird von den verfügbaren Gütern, der Zahl der Kinder und deren erwarteter Wohlfahrt bestimmt.

Eine normale ökonomische Rechnung macht nun deutlich: Je länger Kinder in der Familie verweilen, desto mehr Güter werden sie konsumieren. Je mehr Zeit die Eltern für die Erziehung aufwenden und je wertvoller diese Zeit wird, weil die Mütter zum Beispiel beruflich aktiv werden, desto «teurer» werden Kinder. Den gleichen Effekt hat auch das Verbot von Kinderarbeit. Kurzum, die moderne Familie, die den Kindern durch sorgfältige Erziehung und lange Ausbildung einen möglichst guten Start ins Leben verschaffen will, wird ihre Kinderzahl aus Kostengründen klein halten. Anders die Familie in einer traditionalen Gesellschaft, wo die Frauen im Hause arbeiten, Analphabetismus weit verbreitet ist und Kinderarbeit an der Tagesordnung: Dort «lohnen» sich viele Kinder.

22. Müssen die Alten im demographischen Wandel verarmen?

Der demographische Alterungsprozess in den entwickelten Industrieländern, der auf eine rückläufige Geburtenhäufigkeit und eine verlängerte Lebenserwartung zurückzuführen ist, wird häufig als ein Problem der Altersversorgung gesehen. Und in der Tat müssen die bestehenden Versorgungssysteme, die unter anderen demographischen Voraussetzungen geschaffen wurden, sich damit auseinandersetzen.

Nimmt auf Grund der rückläufigen Bevölkerung im arbeitsfähigen Alter auch das Bruttoinlandsprodukt pro Kopf der Bevölkerung ab? Dann gäbe es weniger zu verteilen. Das ist aber kaum zu erwarten. Produktivitätssteigerungen und eine effektivere Ausnutzung der Arbeitsreserven (weniger Arbeitslose, eine höhere Frauenbeschäftigung, Heraufsetzung des Rentenalters) machen ein weiterhin hohes Produktionsniveau wahrscheinlich.

Die ganze Geschichte ist ein Problem der Verteilung zwischen den Erwerbstätigen und den Nicht-Erwerbstätigen. Kinder und Jugendliche, Kranke und Invalide, Arbeitslose und Rentner beziehen keine primären Arbeitseinkommen, aber müssen eben auch essen. Dieses Verteilungsproblem regelt jede Gesellschaft auf ihre Weise. Am Anfang war da die Sippe oder die Familie. Und bis heute ist die Familie für die Umverteilung auf die Kinder hauptverantwortlich. Die Erwachsenen haben erst einmal für sich selbst zu sorgen. Allerdings kümmert sich der Staat als paternalistischer Übervater mit Gesetzen und Institutionen darum, dass sie das auch tatsächlich tun und jeder eine Grundversorgung erfährt.

Es geht um einen Anspruch an das Sozialprodukt. Den erhalten die Rentner, auf die wir uns im Weiteren beschränken, entweder indirekt von den Werktätigen, die nämlich einen Teil ihres Einkommens in die Rentenkasse abführen, aus der dann die Rentner ihr Einkommen beziehen. Das nennen wir Umlageverfahren. Oder sie erhalten den Anspruch aus Kapitaleinkommen. Das wird Kapitaldeckungsverfahren genannt. Das Umlageverfahren setzt einen Generationenvertrag voraus, das Kapitaldeckungsverfahren einen vorangegangenen Kapitalbildungs- oder Sparprozess.

Beide Verfahren haben ihre spezifischen Nachteile. Das Umlageverfahren, das in Deutschland vorherrscht, treibt mit den dafür notwendigen Sozialabgaben einen Keil zwischen Brutto- und Nettolohn, der Erwerbstätige zu opportunistischem Verhalten verführt (Leistungseinschränkung, Schwarzarbeit). Und wenn das Verhältnis von Nicht-Erwerbstätigen zu Erwerbstätigen steigt, dann wird dieser Keil aus Kostengründen zwangsweise größer. Das Kapitaldeckungsverfahren, das in anglo-amerikanischen Ländern beliebter ist, weshalb man dort auch von «Pensionsfondskapitalismus» spricht, erfordert größere Aufwendungen, um trotz der Unsicherheiten der Kapitalinvestitionen das angestrebte Alterseinkommen sicherzustellen.

Wir sehen, die Verteilungsauseinandersetzung zwischen der arbeitenden und der nicht arbeitenden Bevölkerung findet auf unterschiedlichen Schauplätzen statt, in der Familie, im Tarifstreit zwischen Kapital und Arbeit, und auf der politischen Ebene, wo die Steuer- und Abgabensätze festgelegt werden. Welchen Teil des Sozialprodukts der Einzelne am Ende bekommt, ist schwer vorherzusagen. Die heutigen Arbeiter sind die Rentner von morgen, darauf nehmen sie eher Rücksicht, je dichter sie am Rentenalter stehen. Die Politik sieht sich einer Wählerschaft gegenüber, die im Schnitt immer älter wird. Eine allgemein akzeptierte Lösung des Problems wird erheblich vereinfacht, wenn der zu verteilende Sozialproduktskuchen wächst.

23. Hilft Zuwanderung die Probleme der Alterung zu lösen? Wahrscheinlich nicht, aber dennoch ist es möglich. Einerseits geht es um die Altersstruktur der Bevölkerung. Die verschiebt sich durch Zuwanderung temporär zu Gunsten der Erwerbstätigen, womit die Rentenkassen aufgefüllt werden. Doch auch Zuwanderer werden älter und sie passen ihr Reproduktionsverhalten mit der Zeit ihrer neuen sozialen Umgebung an. Also wird das Problem nur zeitlich versetzt.

Zum anderen geht es um die generelle Dynamik der Wirtschaft. Denn von einer steigenden Produktivität oder allgemein von Wirtschaftswachstum profitieren alle Altersgruppen. Eine wachsende Bevölkerung kann in einem günstigen Umfeld Dynamik auslösen – vor allem natürlich, wenn qualifizierte, ideenreiche Menschen zuwandern.

Migration ist sowohl ein europäisches als auch ein globales Phänomen. Viele Aspekte können hier nicht berücksichtigt werden. Aber wir sollten uns vor Augen halten, dass die einheimische Bevölkerung in Europa in den nächsten 20–30 Jahren um 20–30 Mio. schrumpft, während Indien und Afrika um Hunderte Millionen zunehmen. Der Medianwert des Alters beträgt in Afrika 18 Jahre, d. h. die Hälfte der Einwohner ist 18 Jahre alt oder jünger. Der entsprechende Wert für Deutschland liegt bei 42 Jahren. Nur Japan hat noch einen höheren Wert. Was damit auf die afrikanischen Arbeitsmärkte, aber auch auf die Landwirtschaft zukommt, kann man sich kaum vorstellen. Denn schon heute gibt es dort nicht genug Arbeit, und die Flächen, die ein Bauer bearbeitet, sind winzig. Ähnlich, wenn auch nicht ganz so dramatisch ist die Situation in Indien, wo der Medianwert des Alters 24 Jahre beträgt. Der Migrationsdruck auf Europa ist gewaltig und wird noch wachsen.

Nun besteht auch eine Nachfrage nach Zuwanderern in Europa. Vor allem, wie gesagt, nach qualifiziertem Personal. Das ist für die weniger entwickelten Länder nicht immer ein Segen. Denn wenn es in Manchester mehr malawische Ärzte gibt als in Malawi selbst, so ist das für dieses von Aids geplagte ostafrikanische Land nicht hilfreich. Auf der anderen Seite bietet die Chance, durch Qualifikation und Abwanderung zu einem höheren Einkommen zu gelangen, einen Anreiz für viele, eine Ausbildung aufzunehmen. Nicht jeder wandert dann tatsächlich ab.

Unqualifiziertes Personal ist auch in Europa überdurchschnittlich arbeitslos. Und es ist ökonomisch sinnvoller, mit europäischem Kapital arbeitsintensive Produkte in den Niedriglohnländern herstellen zu lassen, als für gering bezahlte Arbeit Zuwanderer anzuwerben. Das gilt jedoch nicht generell: Es gibt Güter, die nicht handelsfähig bzw. nicht transportfähig sind, z. B. die Dienstleistung einer Krankenschwester. Und so üben die entwickelten Länder – Europa steht da nicht allein – einen *brain drain* und einen *care drain* aus. Zur Zeit werden in Westeuropa beide noch stark aus Osteuropa befriedigt. Doch das ist ein Übergangsphänomen der dortigen Transformation und des Aufholprozesses. Gerade Osteuropa wird auf längere Sicht eine Zuwanderungsregion, da der Bevölkerungsschwund dort besonders hoch ist.

24. Hat die Überalterung auch gute Seiten? Das ist eine sehr suggestive Frage. Denn sie unterstellt schon im Begriff «Überalterung», dass die erwartete Veränderung in der Altersstruktur der Bevölkerung ein Unglück ist, das erst einmal schlechte Seiten hat. Das Unglück trifft vor allem die werktätige Bevölkerung, die sich abarbeiten muss, um die Rentner zu versorgen. Wir haben bereits gesehen, dass diese Aussage einer gewissen Relativierung bedarf.

Jedes Abweichen vom gewohnten Muster, jede Strukturveränderung weckt Ängste vor dem Ungewohnten und verursacht Übergangskosten, bis ein neues Gleichgewicht gefunden ist. Aber wenn die Erde bewohnbar bleiben soll, dann muss das Bevölkerungswachstum irgendwann zum Stillstand kommen. Damit geht eine Veränderung der Altersstruktur einher. Darüber hinaus führt der medizinische und hygienische Fortschritt, beileibe nun keine Katastrophe, zu einer Verlängerung der Lebensdauer mit dem gleichen Effekt.

Natürlich wird sich das auf unser tägliches Leben auswirken. Altersgebrechen werden gegenüber Kinderkrankheiten zunehmen und damit die Bedeutung der Geriatrie gegenüber der Pädiatrie. Das Verhältnis von Kreativität, wenn sie denn eine Eigenschaft der Jugend ist, zu Alterserfahrung ändert sich. Der Anblick eines Kindes mag beglückender sein als der eines Greises. Aber vergessen wir nicht, dass sich auch der Hormonhaushalt der Gesellschaft zugunsten eines friedlicheren Zusammenlebens ändert. Es ist sicher kein Zufall, dass die Länder mit der höchsten Fertilitätsrate und so mit dem niedrigsten Durchschnittsalter auch jene Länder sind, wo Kriege, Bürgerkriege, Aufstände, Revolten und Terrorismus am häufigsten auftreten: Afghanistan, Pakistan, der vordere Orient und Afrika südlich der Sahara.

Was abschätzig Überalterung genannt wird, bedeutet für den Einzelnen eine völlige Neugestaltung seines Lebens. Vor 100 Jahren traten er oder sie mit 16 ins Berufsleben ein, so wie das die Statistik heute noch erwartet, die das arbeitsfähige Alter zwischen 16 und 65 Jahren ansetzt. Schon das war ein Fortschritt, denn man kann auch mit 8 oder 10 Jahren bereits Geld verdienen, wie uns der Frühkapitalismus und die armen Länder der Dritten Welt lehren. Und wenn sie oder er dann zwischen 60 und 65 aus dem Arbeitsleben ausschieden, hatten sie nur noch wenige Jahre mit bescheidener Rente oder als Altbauern im Austrag vor sich. Heute ist das Leben des Einzelnen in drei Phasen eingeteilt. Die vorberufliche Phase dauert zwischen 20 und 25 Jahre, die Berufsphase dann maximal 45 Jahre, woran sich bei einem Alter von 65 Jahren immerhin noch eine durchschnittliche Lebenserwartung von fast 20 Jahren anschließt. Das eröffnet Perspektiven.

Prosperität und Depression

25. Was haben Ökonomen und Wetterfrösche gemein? Der Lackmus-Test für eine exakte Wissenschaft ist eine zutreffende Vorhersage. Wenn Astronomen aus mathematischen Berechnungen die Hypothese ableiten, es müsse jenseits des Uranus noch einen Planeten geben, den Himmelsausschnitt angeben, wo er zu suchen sei, und er wird dort auch gefunden, dann ist das exakte Wissenschaft. Die mathematischen Modelle der Meteorologen sind noch viel komplizierter als die der Astrophysiker, und doch können Meteorologen keine vergleichbar guten Vorhersagen machen. Ist die Meteorologie deshalb eine weniger exakte Wissenschaft?

Die gleiche Frage kann man für die Ökonomie stellen. Denn beide, Ökonomie und Meteorologie, beschäftigen sich mit dynamischen Systemen, die um einiges komplexer sind als die Himmelsmechanik. Dynamische Systeme haben gelegentlich die unangenehme Eigenschaft, dass schon kleine Zustandsveränderungen die Gesamtentwicklung in eine völlig andere Richtung lenken können. Die Wetterkunde hat es dabei «nur» mit physikalischen Phänomenen zu tun, die Ökonomie mit dem Verhalten von Menschen, deren jeder einzelne einen eigenen Willen, eigene Vorstellungen und eine eigene Biographie hat, die möglicherweise zu neuen Vorstellungen und Willensänderungen führt. Das ist der Grund, warum Friedrich August von Hayek über Anmaßung von Wissen sprach, wenn es um die Vorhersehbarkeit und damit auch Planbarkeit ökonomischer Entwicklungen geht.

Sollte man dann nicht die Finger von allzu komplizierten Modellen lassen, die den Anschein von Exaktheit wecken? Einem Meteorologen würde diese Frage nicht in den Sinn kommen, und trotzdem würde er zugeben, er könne nicht genau vorhersagen, ob es in Potsdam in 10 Tagen regnen wird oder nicht. Die Offenheit der Zukunft ist kein Anlass, die Hände in den Schoß zu legen. Denn wie der Meteorologe kann auch der Ökonom sagen, die Großwetterlage sieht so und so aus und die Wahrscheinlichkeit, dass es in Potsdam in 10 Tagen regnet, beträgt 60 %.

Hier trennen sich jedoch die Wege der Wetterfrösche und der Ökonomen. Denn weder können wir kollektiv die Großwetterlage beeinflussen (was allerdings mit der Klimaschutzpolitik versucht wird), noch wird sie sich dadurch ändern, dass ein paar Tausend Leute einen

Regenschirm mitnehmen. Genau das ist aber in der Ökonomie der Fall. Mit ihrer Wirtschaftspolitik versucht die Regierung, eine sich abzeichnende Rezession zu vermeiden. Und indem jeder Einzelne sich für schlechte Zeiten wappnet, indem er zum Beispiel etwas mehr Geld auf die hohe Kante legt, sorgt er dafür, dass die vermutete Krise eintritt. Wirtschaftliche Vorhersagen können nämlich selbstverstärkend wirken, aber auch selbstvernichtend.

26. Warum ist der Wachstumspfad kein gerader Weg? Auch wenn der langfristige Trend gradlinig nach oben weist, ist der Wachstumspfad kein gebahnter Weg. Er wird durch *trial and error* gesucht, und das führt manchmal in Sackgassen. Wirtschaftswachstum ist ein Entdeckungsprozess, dessen Hauptantriebskraft, die Innovation, sich vorausschauender Planung entzieht. Jeder Vorsprung, den sich ein Wettbewerber in diesem Prozess zu verschaffen weiß, wird über kurz oder lang durch Imitation oder alternative Innovation eingeholt und überholt. Joseph Schumpeter (1883–1950) sah diese Entwicklung als schöpferische Zerstörung. Und derartige Bewegungen in der Güterwelt werden von der Finanzwelt unterstützt und verstärkt. Diese hat sich im Laufe der Zeit immer mehr verselbständigt, so dass sie am Ende eigene Bewegungen hervorbringt.

Das wirtschaftliche Gleichgewicht wird also an einzelnen Punkten von Schocks getroffen, die durchaus positiv sein können, und diese Schocks breiten sich dann über weitere Bereiche aus. Da ökonomische Entscheidungen grundsätzlich zukunftsbezogen sind, also nicht nur auf dem Wissen des Vergangenen, sondern auch auf Erwartungen über das Kommende basieren, spielen solche Erwartungen, und damit am Ende die Psychologie, für die Dynamik eine zentrale Rolle. Solange Erwartungen erfüllt werden, besteht keine Veranlassung, sie zu ändern. Das erklärt, warum die Richtung der Entscheidungen über mehrere Perioden unverändert beibehalten wird. Erst wenn die Aktivität an Grenzen stößt, neue Schocks auftreten oder die Erwartungen sich ändern, finden Richtungsänderungen statt.

So ist die Wirtschaftsentwicklung Schwankungen unterworfen, regelmäßigen und unregelmäßigen. Das beginnt bei den Jahreszeiten und geht über die sieben fetten und sieben mageren Jahre bis hin zu natürlichen Schocks, die die Wirtschaft treffen können – Erdbeben, Überschwemmungen usw. In der modernen Industrie- und Dienstleistungsgesellschaft spielt die Natur jedoch eine untergeordnete

Rolle, und die Schwankungen werden in der Regel nicht von außen, sondern vom wirtschaftlichen Verhalten selbst verursacht.

Als einer der Ersten hat Karl Marx dies auf die kapitalistische Produktionsweise zurückgeführt, d. h. auf das Zusammenwirken von individueller Planung im Unternehmen und anonymer Koordination über den Markt. Dadurch entstehen kumulative Prozesse des Aufschwungs bzw. der Überhitzung und des Abschwungs bzw. der Krise. Marx' Gegenrezept, die Abschaffung des Kapitalismus nämlich und die Einführung kollektiv geplanter Koordination, hat sich allerdings nicht als wirksam erwiesen: Auch die sozialistischen Planwirtschaften kannten Fluktuationen und Krisen. Allerdings waren die Begleiterscheinungen dort anderer Natur: Die Knappheiten einer Krise machten sich beispielsweise nicht bei den Arbeitsplätzen, sondern bei der Güterversorgung bemerkbar.

Jedes einzelne wirtschaftliche Phänomen (Güterpreise, Löhne, Gewinne, Zinsen, Wechselkurse, Lagerhaltung, Investition, Konsum, Kreditvergabe usw.) und jede einzelne Branche der wirtschaftlichen Tätigkeit unterliegen eigenen Schwankungen, die zum Teil autonom, zum Teil aber auch wechselseitig beeinflusst sind. Dabei kann man feststellen, dass der Konsum vergleichsweise gering fluktuiert, das Bruttoinlandsprodukt mehr und die Investitionen besonders stark. Das ist leicht erklärt, lässt sich doch lebensnotwendiger Konsum zeitlich kaum aufschieben, die Investition, der Kauf eines Autos zum Beispiel, dagegen sehr wohl.

So kann man von Branchenkonjunkturen sprechen, und erst wenn sich die Schwankungen auf die Mehrzahl der Bereiche ausgedehnt haben, liegt ein allgemeiner Auf- oder Abschwung vor. In diesem komplexen Geflecht der Wechselbeziehungen den Schuldigen auszumachen, fällt äußerst schwer. Wenn am Ende der Abschwung synchron in vielen Ländern der Welt stattfindet, dann haben wir es mit einer ausgewachsenen globalen Rezession zu tun.

27. Was ist eine Rezession? Die Schwankungen der wirtschaftlichen Tätigkeit stellt man sich idealisierend als Sinuskurve vor, mit einem aufsteigenden und einem absteigenden Ast, zwei Extrempunkten und zwei Wendepunkten in jeder Periode – der Konjunkturzyklus. Da sich diese Kurve um einen langfristig positiven Trend legt, ist es nicht zwingend, dass im Abschwung negative Wachstumsraten auftreten. Die weltweite Produktion zum Beispiel ist seit dem Zwei-

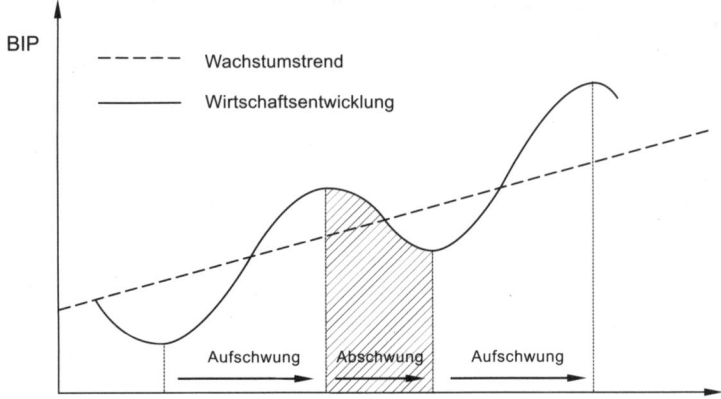

BIP

– – – – – Wachstumstrend

——————— Wirtschaftsentwicklung

Aufschwung   Abschwung   Aufschwung

Konjunkturzyklus

ten Weltkrieg nicht gesunken, obwohl sie nicht unerheblichen Schwankungen unterworfen war. Das Trendwachstum ist eben in den so genannten Schwellenländern, den Entwicklungsländern auf der Aufholspur, besonders hoch.

Der Begriff Konjunkturzyklus erweckt den Eindruck einer gewissen Regelmäßigkeit, eben eine Sinuskurve mit konstanter Periodenlänge und Amplitude. Das ist in der Realität nicht der Fall. Die folgende Grafik zeigt zwar für die deutsche Wirtschaft von 1999 bis 2007 eine zyklische Bewegung, aber davor und danach sieht das Bild doch sehr unregelmäßig aus. Wohlgemerkt handelt es sich um saison- und kalenderbereinigte Daten, denn zwei Feiertage mehr oder weniger in einem Quartal wirken sich bereits erheblich aus, und die kalte Jahreszeit macht manche Aktivitäten unmöglich.

Rezession bedeutet Zurückweichen. Doch was weicht da zurück? Es kann das Bruttoinlandsprodukt gemeint sein, dann handelt es sich um negative Wachstumsraten, oder es kann das Wachstum gemeint sein, dann handelt es sich nur um unterdurchschnittliche Wachstumsraten. Für einen wirtschaftlichen Abschwung ist Letzteres ausreichend. So konstatiert der Internationale Währungsfonds eine globale Rezession, wenn die globale Produktion mit einer Rate unter 3 % wächst, was in den letzten 30 Jahren viermal der Fall gewesen ist

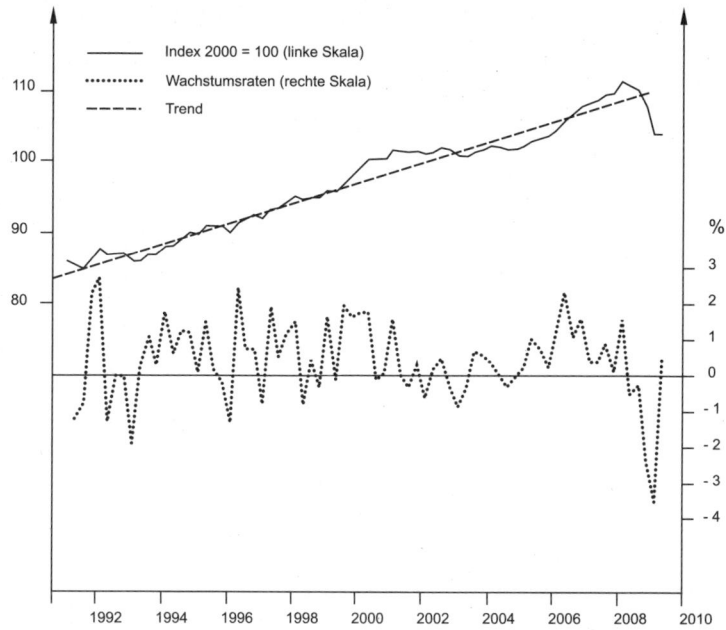

Wachstum des BIP in Deutschland, Quartalswerte saison- und preisbereinigt, 1991–2008

(1980–83, 1990–93, 1998 und 2001–02). Und wieder im Jahr 2009, von welcher Dauer, das wissen wir noch nicht. In den Industrieländern wird Rezession als eine Periode von mindestens zwei Quartalen mit negativen Wachstumsraten definiert.

Deutschland hat dieser Definition entsprechend nach der Wiedervereinigung vier Rezessionen erfahren: 1991, 1995–96, 2002–03 und 2008–09. Das entspricht übrigens nicht dem allgemeinen Konsens, der nur den Abschwung 1992–93 und die jüngste Entwicklung als Rezessionen bezeichnet. Festzuhalten ist: Das Phänomen Rezession ist normalerweise nicht so dramatisch, wie der Begriff suggeriert. Nur in Ausnahmefällen kann man von Krisen sprechen, die tiefergreifende Auswirkungen haben. Das ist 2008–09 möglicherweise der Fall, als ein eigentlich viel versprechender Aufschwung jäh abgebrochen wurde.

28. Wann werden die Röcke wieder kürzer? Ein einfacher Konjunkturindikator war zu gewissen Zeiten die Damenmode nach dem Muster: Kurze Röcke – Boom, lange Röcke – Krise. Seit in der Postmoderne alles gleichzeitig für modisch gehalten wird, ist dieser Indikator nicht mehr *en vogue*. Es gibt bessere, aber keinen idealen Frühindikator, der eindeutig anzeigt: Übermorgen ist die Krise zu Ende.

Jeder Aufschwung oder Abschwung ist einmal zu Ende. Der Zyklus hat einen oberen und einen unteren Umkehrpunkt. Aber warum wendet sich das Blatt eigentlich? Der obere Umkehrpunkt ist vergleichsweise leicht zu erklären, denn bei einer Überhitzung der Wirtschaft stößt man an Kapazitätsgrenzen, übertriebene Erwartungen lösen Spekulationsblasen aus, die irgendwann platzen müssen, eine von Wachstumsphantasien angetriebene Risikofreude wird früher oder später enttäuscht.

Doch wieso bleibt man in der Depression nicht unten stecken? Das ist in der Tat schwerer zu verstehen, und es hat zum Beispiel in der großen Depression der 1930er Jahre sehr lange gedauert, bis es wieder nach oben ging. Dazu hat damals die staatliche Wirtschaftspolitik beigetragen. Auch in Zeiten, da der Staat noch nicht eingriff, ging es immer wieder nach oben. Die Investitionen, die man im Abschwung unterlässt, müssen nachgeholt werden, die Banken müssen wieder Kredite vergeben, wenn sie Geld verdienen wollen. Über kurz oder lang hellt sich die Stimmung auf.

Die normalen zyklischen oder weniger zyklischen Schwankungen des Wirtschaftsablaufs sind zu unterscheiden von Krisen, die echte Produktionseinbrüche bedeuten. Letztere sind selten, aber wenn sie auftreten, können sie sich zu einer längerfristigen Depression auswachsen so wie die große Depression der 1930er Jahre. Für diese Situation – und nicht für den normalen Zyklus – hat der englische Ökonom John Maynard Keynes (1883–1946) sein wirtschaftspolitisches Programm der staatlichen Intervention entwickelt.

29. Was sind unsere ökonomischen Traumata? Konjunkturelle Schwankungen und auch Krisen hat es in der Wirtschaftsgeschichte zu allen Zeiten gegeben. Die kapitalistische Wirtschaft des 19. und 20. Jahrhunderts kannte verschiedene Krisenperioden, aber nur eine wirklich große Depression, die vor allem in den USA zu einem traumatischen Ereignis wurde. Dort sank das Bruttoinlandsprodukt von 1929 bis 1933 um fast 30 % und erreichte erst 1939 wieder das Niveau von zehn Jahren zuvor. Die Arbeitslosigkeit stieg bis auf 25 %, die Aktien verloren über 85 % ihres Wertes, und die Landwirtschaft im mittleren Westen wurde zusätzlich zum allgemeinen Preisverfall auch noch von einer mehrjährigen Dürre getroffen: Die Bauernfamilien verließen ihr Land und zogen weiter nach Westen auf der Suche nach Arbeit – John Steinbecks Roman *Die Früchte des Zorns* dokumentiert das eindrucksvoll.

Die große Depression war eine Weltwirtschaftskrise, sie erfasste Europa allerdings sehr viel schwächer als die USA. Hier wurde Deutschland am härtesten getroffen, wo die Produktion von 1928 bis 1932 um 16 % zurückging, etwas weniger allerdings als im Inflationsjahr 1923. Im kollektiven Gedächtnis der Deutschen ist deshalb die Inflation von 1923 das traumatische Ereignis. Hierzu lese man Sebastian Haffners *Geschichte eines Deutschen*. Ein Echo des Traumas war noch einmal nach dem Zweiten Weltkrieg zu hören, als die Mark auf 1/10 ihres Werts abgewertet wurde. Deshalb spielen für die deutsche Politik stabile Preise eine so wichtige Rolle, während für die amerikanische Politik die Furcht vor einem Produktionseinbruch alles andere beherrscht. Die Briten kennen dagegen kein solches Trauma, denn in Großbritannien fiel der Rückgang von 1929 bis 1931 mit 6 % vergleichsweise moderat aus, und eine Hyperinflation haben sie nicht erlebt.

30. Kann sich die große Depression wiederholen? 2008–09 waren sich Wissenschaft und Politik auf der ganzen Welt einig: Wir sind in eine tiefe Rezession geraten, die nur mit der großen Depression von 1929–33 zu vergleichen ist. Allerdings werden wir nicht die Fehler von damals wiederholen, und deshalb kann es so schlimm nicht kommen. Welches waren denn damals die Fehler? Das ist gar nicht so leicht zu beantworten. Denn Ursachen und Verlauf der Krise sind bis heute Gegenstand heißer Debatten. In den USA stehen neben hemmungsloser Spekulation, Betrug, hochriskanter Kreditvergabe – alles Angeklagte, die uns heute wieder nicht ganz unbekannt vorkommen, die aber von der Forschung nicht wirklich überführt werden konnten – vor allem der Staat und die Zentralbank als Hauptschuldige vor Gericht.

Das *Federal Reserve Board* der Zentralbank hat 1929 mit Zustimmung Präsident Hoovers das Steuer in der Geldpolitik herumgeworfen und das Geld drastisch verknappt. Beiden war die Spekulation auf Kredit ein Dorn im Auge. Das führte unmittelbar zum Börsenkrach vom Oktober 1929. Vor allem aber führte diese Politik zu einer Zinserhöhung und einer länger anhaltenden Deflation aller Preise und Löhne, womit der Weg in die Depression geebnet war. Zusätzlich dazu handelten die Regierungen vieler Länder nach dem Sankt-Florians-Prinzip (auch *beggar my neighbour policy* genannt): Sie versuchten durch protektionistische Handelsbeschränkungen und Abwertungen der Währung die eigenen Probleme auf das Ausland zu verlagern. Wenn alle das tun, führt es nur zum Zusammenbruch des internationalen Handels und zu weiterer Deflation. Schließlich scheuten die Regierungen vor großen Haushaltsdefiziten zurück, und die sozialen Sicherungssysteme waren nicht so ausgebaut, dass sie als automatische Stabilisatoren hätten funktionieren können.

Damals wie heute spielte das Finanzsystem eine besondere Rolle: Es geriet in Turbulenzen und brach zusammen. Allerdings mit Unterschieden: Damals folgte die Bankenkrise dem Einbruch der Güterproduktion, heute ging sie ihm voraus. Wie dem auch sei, Bankenzusammenbrüche fördern weder die wirtschaftliche Aktivität noch das Vertrauen, und sie vernichten das Geld der Sparer.

Aus all dem wurde gelernt. Bankzusammenbrüche werden durch immense Bürgschaften und Kapitalspritzen des Staates so weit wie möglich vermieden. Das Geld der Sparer wird von obligatorischen Einlagesicherungsfonds und zusätzlichen Staatsgarantien gesichert. Arbeitslose geraten nicht in absolute Armut, sondern werden vom sozialen Sicherungssystem aufgefangen. Den natürlich sofort wieder aufkeimenden protektionistischen Versuchungen wird kollektiv eine Absage erteilt – leider nicht immer erfolgreich. Die Staatshaushalte verschulden sich tief, um die Nachfrage zu stabilisieren. Und die Zentralbanken stellen fast unbegrenzt Geld zur Verfügung, um eine Deflation zu vermeiden. Die Pferde stehen in der Tränke, jetzt müssen sie nur noch saufen.

31. Was sind automatische Stabilisatoren? Eine der unmittelbaren Ursachen einer Rezession ist Nachfrageausfall: Die Konsumenten halten sich bei Anschaffungen zurück, die Unternehmen planen weniger Investitionen, das Ausland fährt seine Importe zurück. Wenn sich jetzt der Staat wie ein ordentlicher Hausvater verhält und nur ausgibt, was er einnimmt, also einen ausgeglichenen Haushalt anstrebt, dann verstärkt er den Nachfrageausfall. Er muss die Aufwendungen für Personal und Investitionen kürzen. Denn die Einnahmen aus Mehrwertsteuer und Einkommenssteuer gehen zurück. Damit verhält er sich pro-zyklisch. Noch in der großen Depression der 1930er Jahre war solches Verhalten typisch für viele Regierungen.

Inzwischen haben die Politiker – auch die Ökonomen – hinzugelernt, und sie haben die Institutionen des Sozialstaates entwickelt, die sich dämpfend auf die Konjunkturentwicklung auswirken. Zum Beispiel die Arbeitslosenversicherung: Bei Vollbeschäftigung in der Aufschwungphase übersteigen die Beitragszahlungen die Auszahlungen und schwächen so die effektive Nachfrage der Arbeitnehmer ab, denn die Beiträge verringern ja ihr Nettoeinkommen. Bei wachsender Arbeitslosigkeit in der Abschwungphase wird mehr ausgezahlt als eingenommen, und die Gesamteinkommen sinken nicht so stark wie die reinen Lohneinkommen. Das stützt die Konsumnachfrage.

Ganz ähnlich wirkt eine mittelfristige Finanzplanung. Sie fordert den ausgeglichenen Haushalt nicht mehr für jedes einzelne Jahr, sondern nur noch für einen mittelfristigen Zyklus. Das bedeutet, dass im Aufschwung die Steuereinnahmen die Ausgaben übersteigen, während im Abschwung bei sinkenden Steuereinnahmen das normale Ausgabenniveau aufrechterhalten bleibt. Der Nachfrageeffekt lässt sich verstärken, wenn man zeitlich weniger gebundene Ausgaben, wie Investitionen, auf die Rezessionsphase konzentriert. Ein solches Verhalten nennt man anti-zyklisch.

Diese automatischen Stabilisatoren können eine Rezession oder eine Überhitzung nicht verhindern. Aber sie vermindern den Ausschlag der wirtschaftlichen Aktivität in beiden Richtungen. Das antizyklische Verhalten von Bund, Ländern und Gemeinden und der Sozialversicherungsträger führt kurzfristig zu Haushaltsüberschüssen und -defiziten. Mittelfristig hat es keinen Einfluss auf die Staatsverschuldung. Wenn die deutsche Staatsverschuldung über die letzten Jahrzehnte dennoch erheblich zugenommen hat (und zwar nicht nur in absoluten Zahlen, sondern auch im Verhältnis zum Bruttoinlandsprodukt), dann hat das andere, strukturelle Ursachen. Zum Beispiel «vergessen» Politiker gerne, in guten Zeiten die Schulden abzubauen, und verwenden Haushaltsüberschüsse lieber für Wahlgeschenke.

32. Gibt es lange Wellen? In seinem zweibändigen Werk *Business Cycles* stellte Joseph Schumpeter 1939 drei Arten von regelmäßigen Zyklen vor: einen kurzfristigen Lagerhaltungszyklus von 3–5 Jahren, einen mittelfristigen Investitionszyklus von 7–11 Jahren und einen langfristigen Innovationszyklus von 45–60 Jahren. Letzteren nannte er Kondratev-Zyklus nach dem russischen Ökonomen Nikolaj Kondratev (1892–1938), der sich in den 1920er Jahren intensiv mit diesem Phänomen beschäftigt hatte. Kondratevs lange Wellen haben immer wieder die Phantasie von professionellen Ökonomen und Laien beflügelt.

Die Idee ist einfach. Das moderne kapitalistische Wirtschaftswachstum wird von Innovation angetrieben. Es gibt in jeder Epoche führende Sektoren, in denen sich die Innovationen konzentrieren. Das tun sie laut Schumpeter auch zeitlich: Sie treten in Schwärmen auf. Und dann läuft der normale Produktzyklus ab mit einer Aufschwungphase und einer Abschwungphase, in der die nächste Generation von Innovationen den Durchbruch schafft, um den neuen Aufschwung zu tragen. So meinte man, seit der industriellen Revolution im 18. Jahrhundert vier lange Wellen ausmachen zu können:

1. Die Welle der industriellen Revolution von 1790–1849 dominiert von Dampfmaschine, Eisen- und Textilindustrie.
2. Die Eisenbahnwelle von 1850–1896, die die Transportkosten revolutionierte.
3. Die Elektrizitätswelle von 1897–1945, in der auch die Chemie und Automobilindustrie den Fortschritt trugen.
4. Der Nachkriegszyklus von 1945–1989, in dem Erdöl, Kunststoff, Flugzeug zu den Führungssektoren zählten.

Demnach müssten wir uns jetzt in der Rezessionsphase einer fünften Welle befinden, die, wenn man sich die Führungssektoren anschaut, nur IT und Dienstleistungswelle heißen könnte. Doch schon der einfache Überblick macht deutlich, dass dieses Schema und die ihm zugrunde liegende Theorie zahlreiche Probleme aufwerfen. Die zeitliche Ballung epochaler Innovationen ist für den entwickelten Kapitalismus nicht zu belegen. Die *trentes glorieuses* der Nachkriegsperiode waren in Europa eindeutig vom Aufholprozess zum Produktivitätsniveau der USA bestimmt. Die Automobilindustrie zum Beispiel mag für die USA in der ersten Hälfte des 20. Jahrhunderts dominierend gewesen sein, für Europa wurde sie es erst in der zweiten Hälfte. Der lange Krieg des letzten Jahrhunderts unterbricht im Übrigen jede zyklische Bewegung.

Natürlich hat man die Hypothese der langen Wellen statistischen

Tests unterworfen. Das allgemeine Urteil lautet zur Zeit: Regelmäßige lange Wellen sind eine Fiktion. Allerdings hat sich das Phänomen epochaler Innovationen empirisch bestätigen lassen. Dampfmaschine, Elektromotor, Mikroprozessoren sind Erfindungen, die in vielen Branchen Wachstumsschübe ausgelöst haben. Man nennt sie deshalb auch Allzwecktechnologien (auf Englisch: *general purpose technologies*).

33. Was muss die Zentralbank in der Krise tun? Für die makroökonomische Steuerung stehen zwei Instrumente zur Verfügung, die Geldpolitik und die Fiskalpolitik. Die Geldpolitik haben viele Regierungen aus den Händen gegeben, als sie dem Vorbild der Bundesbank folgend die Zentralbank dem tagespolitischen Einfluss entzogen und unabhängig von der Regierung gemacht haben. Innerhalb der Europäischen Währungsunion ist die Geldpolitik darüber hinaus den nationalen Einflüssen entzogen und in die Verantwortung der Europäischen Zentralbank (EZB) überstellt worden, die für mittlerweile 16 Euro-Länder eine gemeinsame Politik macht.

Auch unabhängige Zentralbanken haben einen klaren Auftrag. Für die EZB lautet er, die Geldwertstabilität zu wahren und nur, wenn diese nicht gefährdet ist, eine stabile Wirtschaftsentwicklung zu fördern. Hier hört man das deutsche Inflationstrauma und die Hauptsorge der Bundesbank heraus. In den USA liegen die Dinge anders. Dort stehen unter den Aufgaben des *Federal Reserve System* (kurz der Fed) eine maximale Beschäftigung an erster, stabile Preise erst an zweiter Stelle. Dementsprechend unterscheiden sich die Politik der EZB und der Fed. Letztere wird die Wirtschaft grundsätzlich mit etwas mehr Geld versorgen als erstere und damit eine höhere Inflation in Kauf nehmen in der Hoffnung, die wirtschaftliche Aktivität auf permanent hohem Niveau zu halten.

In dieser Politik der Fed sieht man eine der Ursachen der jüngsten Finanzmarktkrise, die sich zu einer massiven wirtschaftlichen Rezession ausgewachsen hat. In einer solchen Situation sind die Aufgaben der Zentralbank mehr oder minder deutlich, allerdings je nach Auftrag unterschiedlich. Sie muss kurzfristig in Liquiditätsprobleme geratene Banken mit Geld versorgen. Denn wenn das Publikum aus Angst um seine Einlagen die Banken stürmt, bricht das System zusammen. Die Zentralbank muss auch der Tendenz der Banken, weniger Kredite auszuleihen und Geld aus dem Verkehr zu ziehen, entgegenwirken, damit die Preisentwicklung nicht durch insolvente Unternehmen in eine Deflation mündet. Sie muss die Zinsen niedrig halten in der Hoffnung, dass die Banken das weitergeben und damit Investitionsanreize schaffen. Sie kann schließlich schlechte Kredite von den Banken übernehmen, um so deren Konkursrisiko zu verringern. Letzteres hat die Fed 2008–09 getan, aber nicht die EZB.

Das Handeln der Zentralbanken im Einzelnen zu verstehen, fällt schwer. Denn die Summen, mit denen da hantiert wird, sind unvorstellbar groß. Und wo kommt das viele Geld her, das über den Banktresen geht? Würde man die Geldmenge an die verfügbare Menge Goldes binden, d. h. hätten wir eine Goldwährung, dann wäre das alles nicht möglich. Ein modernes Geldsystem basiert aber auf frei geschaffenem, sozusagen frisch gedrucktem Geld. Dabei steuert die Zentralbank die Geldmenge, mit der die Banken dann operieren. Die zusätzliche Geldmenge, die die Zentralbank heute in Umlauf bringt, kann sie morgen wieder aus dem Verkehr ziehen, indem sie gewährte Kredite nicht erneuert. Sobald die EZB die Geldwertstabilität in Gefahr sieht, wird sie das auch tun. Zusätzlich wird sie es dann den Banken durch Zinserhöhungen schwer machen, allzu großzügig Kredite zu vergeben.

Wir sehen, die Aufgaben einer Zentralbank, die Preise und die Beschäftigung stabil zu halten, können in Konflikt miteinander geraten. In tiefen Rezessionen ist das wenig wahrscheinlich, weil die Preise dann eher dazu tendieren, zu sinken oder zumindest weniger stark zu steigen. Doch gibt es Episoden wie die so genannte Stagflation der 1970er Jahre, in denen eine stagnierende Wirtschaftsentwicklung und inflationärer Druck auf die Preise gleichzeitig auftreten. Gemäß ihrem Auftrag darf es die EZB dazu nicht kommen lassen, der Fed könnte das schon eher passieren.

34. Wirkt ein Konjunkturprogramm wirklich? Die meisten Ökonomen finden es in Ordnung, dass die Zentralbank mit ihrer Geldpolitik in den Wirtschaftsablauf eingreift. Ganz anders liegt der Fall bei der Fiskalpolitik, dem zweiten Instrument der makroökonomischen Steuerung. Mit ihrer Haushaltspolitik kann die Regierung ähnliche Ziele verfolgen wie die Zentralbank. Konkret geht es dabei um Konjunkturprogramme, ein so genanntes *deficit spending*, bei dem der Staat entweder die Steuern senkt oder die Ausgaben steigert, oder beides gleichzeitig tut, um Nachfrageausfälle auszugleichen. Dieses Vorgehen ist deutlich von den automatischen Stabilisatoren zu unterscheiden.

Deficit spending wurde durch die Arbeiten von John Maynard Keynes populär. In der Euphorie des Nachkriegsbooms glaubten viele, das kapitalistische Übel der Konjunkturschwankungen sei überwunden, und sollte sich doch einmal eine Rezession andeuten, dann werde man sie mit keynesianischer Wirtschaftspolitik erfolgreich bekämpfen. Diese Überzeugung erwies sich beim Aufziehen der ersten Wolken Anfang der 1970er Jahre als Illusion. Der Einsatz des keynesianischen Instrumentariums endete in der Stagflation der 1970er Jahre. Auch Japan machte in seiner tiefen Wirtschaftskrise der 1990er Jahren die Erfahrung, dass die Konjunkturpolitik nicht zum Aufschwung führte.

Warum griffen die Maßnahmen nicht wie gedacht? Da ist als erstes das Multiplikatorproblem. Keynes erwartete, dass jedes Pfund zusätzlicher Staatsausgaben multiplikativ mehrere Pfund zusätzlicher Nachfrage schaffe. Denn Investitionen in den Straßenbau führen zu höheren Lohneinkommen, diese zu höherer Konsumnachfrage, diese zu Investitionen in die Konsumgüterindustrie, usw. Genauere Messungen ergeben jedoch, dass es mit dieser Multiplikatorwirkung nicht weit her ist. Das hat unter anderem mit der zweiten Einschränkung, dem Vertrauensproblem, zu tun. Für Keynes sollte die zusätzliche Nachfrage den Unternehmern signalisieren: Es geht wieder aufwärts. Wenn aber jedermann weiß, da steht nur ein momentaner staatlicher Ausgabenschub dahinter, dann wird die allgemeine Stimmung sich nicht zum Besseren wenden – der Strohfeuereffekt. Bei kurzfristigen Rezessionsphasen kommt drittens ein Konjunkturprogramm oft zu spät: Bis es geplant, beschlossen, operativ umgesetzt und dann ausgeführt ist, hat die Entwicklung möglicherweise schon gedreht. Und schließlich leckt das System: In offenen Wirtschaften, und das sind vor allem die mittleren und kleineren Länder, wird ein Großteil der Nachfrage mit importierten Gütern befriedigt. Von der Abwrackprämie, gedacht zur Stimulierung der einheimischen Autoindustrie, profitierten die französischen und japanischen Hersteller genauso wie die deutschen.

Trotz der berechtigten Bedenken haben in der jüngsten Krise alle Regierungen tief in den keynesianischen Instrumentenkoffer gegriffen und großzügige Konjunkturprogramme aufgelegt. Werden sie wirken? Ob die Wirtschaft daraufhin erwartungsgemäß anzieht, wissen wir heute noch nicht genau. Aber wirken werden die Programme auf jeden Fall, denn die Regierungen waren klug genug, damit dringend erforderliche Investitionen zu finanzieren, die man auf die lange Bank geschoben hatte: Investitionen in Infrastruktur und Energiesparprogramme in den USA, Investitionen in Bildung und Forschung in Deutschland. Damit wird das langfristige Wachstum gestützt.

35. Wer finanziert das Konjunkturprogramm? Ein Konjunkturprogramm soll einen Nachfrageausfall ausgleichen. Folglich bedarf es zusätzlicher Ausgaben, die der Staat entweder selbst tätigen oder durch direkte bzw. indirekte Einkommenserhöhungen bei den Konsumenten und Produzenten stimulieren kann. Die dafür erforderlichen Mittel übersteigen das normale Budget des Staates: Er muss Schulden machen.

Der einfachste Weg, sich die Mittel zu beschaffen, wäre das, was «monetäre Finanzierung der Staatsschuld» oder einfach «Geld drucken» genannt wird. Der Staat nimmt bei der Zentralbank Kredit auf, und ob er ihn je zurückzahlt, steht in den Sternen. Eine derartige Vermehrung der Geldmenge heizt mittelfristig die Inflation an. Hier finden wir eine der Ursachen der deutschen Inflation nach dem Ersten Weltkrieg. In Euroland ist dieser Weg versperrt: Die Europäische Zentralbank darf den Regierungen der Mitgliedländer keine direkten Kredite gewähren.

Also muss der Staat sich das Geld wie jeder Bürger auf dem Kreditmarkt beschaffen. Er gibt Staatsanleihen heraus. Wer kauft die? Jeder, der eine möglichst sichere, wenn auch nicht gerade hoch verzinste Anlage für sein Geld sucht. Denn das Risiko, dass ein Staat zahlungsunfähig wird, ist relativ gering. Bei manchen Staaten (wie Griechenland oder Irland) hält man es für etwas höher als bei anderen (wie Deutschland). Erstere müssen dann eben etwas höhere Zinsen bieten.

Länder, die Devisenreserven mit Überschüssen aus dem internationalen Handel verdienen, investieren dieses Geld oft in Staatsanleihen anderer Länder. Die OPEC-Länder, Russland, China und Japan kaufen z. B. amerikanische Staatsanleihen. In einer Weltwirtschaftskrise gehen solche Überschüsse allerdings zurück, und diese Länder fallen als Käufer von Staatsanleihen aus. Dafür gibt es im Land des kredithungrigen Staats selbst liquide Mittel, die Anlagemöglichkeiten suchen. Denn die Krise wird ja unter anderem dadurch verursacht, dass die Unternehmen und Haushalte vorsichtig ihr Geld zurückhalten und weniger ausgeben, und dadurch dass die Banken mit ihrer Kreditvergabe zögern. Kurzum, die Staatsverschuldung setzt Gelder wieder in Bewegung, die gerade stillgelegt wurden.

So ganz unproblematisch, wie es jetzt scheint, ist der Vorgang jedoch nicht. Zum einen besteht die Gefahr, dass die staatliche Kreditnachfrage eine private Kreditnachfrage verdrängt. Gerade in der Krise ziehen die Banken sichere Staatsanleihen riskanteren kommerziellen Anlagen vor. Und dann müssen die Staatsanleihen bedient werden, d. h. Zinszahlungen werden fällig und irgendwann steht die Rückzahlung an. Das ist ein Problem der nächsten Regierung und der nächsten Generation. Damit daraus aber keine Erblast wird, die von einem bestimmten Punkt an in Überschuldung umkippt, ist für den Staat wie für den einzelnen Bürger Nachhaltigkeit das erste Gebot beim Schuldenmachen.

36. Haben Krisen auch etwas Gutes?
Sind Krisen wie Fieber in einem erkrankten Körper, die durch Fehlentwicklungen im Wirtschaftssystem entstehen und diese Fehlentwicklungen wieder zurechtrücken? Solche Analogien sind gefährlich, denn das Wirtschaftssystem ist kein Organismus, sondern die Gesamtheit individuellen Verhaltens in einem gesellschaftlichen Kontext. Vor allem was Erwartungen über die Zukunft betrifft, wird jeder sich umhören, was andere so denken, und in Ermangelung besserer eigener Einsichten möglicherweise auf einen fahrenden Zug aufspringen. So entstehen die berühmten Blasen: Preisblasen bei Immobilien und Rohstoffen, die Dot-Com-Blase, Investitionen in zweifelhafte Projekte, kurz Spekulationen auf eine vermeintlich lukrative Zukunft. Diese Erwartung kann in der übertriebenen Form nicht erfüllt werden, die Blase platzt und es setzen panische Fluchtbewegungen ein. Denn jeder versucht nun zu retten, was zu retten ist – die unvermeidliche Krise ist da: Die Menschen werden wieder normal.

Abgesehen von solchen Auswüchsen finden in Krisen ganz normale Ausleseprozesse statt. Unternehmen, die nicht mehr effizient produzieren, müssen sich umstrukturieren oder ganz schließen, veraltete Produkte verschwinden vom Markt, zu teure Produktionsprozesse werden ausgelagert oder stillgelegt. In hartem Wetter zeigt sich, was Bestand hat. Schumpeters schöpferische Zerstörung spielt sich vor allem in der Rezession ab, die Innovation dann in der folgenden Aufschwungphase.

Daraus folgt eine klare ordnungspolitische Empfehlung: In seinem Bemühen, Krisen zu dämpfen und ihre Folgen abzufedern, muss der Staat unbedingt darauf achten, den notwendigen Strukturwandel nicht aufzuhalten. Denn das würde das langfristige Wachstum abschwächen. Regierung und Verwaltung sind nicht besser informiert als die Gesamtheit der Unternehmer, deren Entscheidungen sich in der Marktentwicklung manifestieren. Woher sollten sie auch besser wissen, welche Marktzutritte wünschenswert und welche Marktaustritte notwendig sind? Noch sollte der Staat in die Korrektur unternehmerischer Fehlentwicklungen eingreifen. Krisen sind nicht nur ein Problem des Nachfrageausfalls, sie haben zahlreiche andere Ursachen. Das keynesianische Programm lautet deshalb Globalsteuerung oder makroökonomische Planung, aber nicht Subventionierung von maroden Einzelunternehmen

Es ist eines, Missstände im Finanzsystem durch kluge Regulierung der Banken zu vermeiden. Es ist ein anderes, mit massiven Subventionen einen Transrapid als Technologie der Zukunft anzuschieben oder umgekehrt mit ebenso massiven Subventionen das Überleben von Automobilkonzernen zu garantieren. Das Problem sind die Betriebsgrößen. Der Satz, was gut ist für General Motors, ist gut für die USA, hat auch in der Verneinung Gewicht. Als zahlreiche kleine und mittlere Betriebe der Pirmasenser Schuhindustrie dem Strukturwandel zum Opfer fielen, gab es dagegen kein Konjunkturprogramm, um diesen Prozess aufzuhalten – zu Recht, denn die Massenware ließ sich anderen Orts, in der Türkei und Süd- und Ostasien, kostengünstiger produzieren.

Das ökonomische Fundament

37. Was bringt Arbeitsteilung? Adam Smith beginnt sein berühmtes Werk über den Wohlstand der Nationen mit der Beschreibung der Arbeitsteilung in einer Nadelfabrik. Würde ein einzelner Arbeiter alle erforderlichen Operationen allein ausführen, so könnte er pro Tag, so Smith, keine 20 Nadeln herstellen. Aber schon in einer kleinen Fabrik, in der die Operationen unter 10 Personen aufgeteilt werden, beobachtete Smith eine tägliche Produktion von 48.000 Nadeln. Offensichtlich erhöht Arbeitsteilung die Produktivität. Hinzu kommt, dass sie die Erfindung von Maschinen für die jeweiligen Operationen und damit den Einsatz von Sachkapital fördert.

So wie die Herstellung eines einzelnen Gutes in arbeitsteiligen Prozessen stattfindet, teilt sich auch die Gesellschaft ihre Gesamtarbeit. Kein Haushalt produziert alles selbst, was er benötigt. Das übernehmen spezialisierte Fachbetriebe. Diese Spezialisierung steigert das Gesamtprodukt quantitativ und qualitativ und erlaubt berufliche Bildung, d. h. den Erwerb von Humankapital. Im Lauf der Entwicklung differenzieren sich die Unternehmen immer mehr, und die Arbeitsteilung überschreitet Landesgrenzen – sie wird international. Arbeitsteilung und Spezialisierung sind zwei Seiten einer Medaille.

Damit die einzelnen arbeitsteiligen Prozesse reibungslos ineinander greifen, bedarf es der Koordinierung. In der Fabrik leistet das der Chef. In der Gesamtgesellschaft leistet das entweder ein Planer (daher Planwirtschaft) oder der Markt (Marktwirtschaft). Zu zeigen, wie der anonyme Markt diese Koordinierungsaufgabe löst, ist eines der schwierigsten Probleme der Wirtschaftswissenschaft. Erfahrungsgemäß schafft der Markt es besser als der Planer – ist doch klar, könnte man sagen, denn daran sind alle beteiligt, nicht nur eine Handvoll mehr oder weniger uneigennütziger Planer. Ganz so klar ist es leider nicht. Denn es gibt Großunternehmen, die ihr Personal hunderttausendfach der betrieblichen Planung unterwerfen – und Gewinn machen. Die Grenze zwischen effizienter Plankoordination und effizienter Marktkoordination wird von den Kosten bestimmt, die beide verursachen. Daneben spielt der Wettbewerb eine Rolle, der in einer Planwirtschaft fast völlig ausgeschaltet ist.

Schon Adam Smith bemerkte, dass Arbeitsteilung in der Fabrik den einzelnen Arbeiter abstumpfe, zu einem Rädchen in einer unper-

sönlichen Maschinerie mache und gerade nicht seine Bildung fördere. Die berechtigte Kritik an der entfremdenden Arbeitsteilung in
der Fabrik lässt sich jedoch schwer auf die zwischenbetriebliche und
internationale Arbeitsteilung übertragen. Eine nicht-arbeitsteilige
und folglich nicht-entfremdete Gesellschaft, die trotzdem Wohlstand produziert, bleibt eine utopische Vorstellung. Allerdings hatte
Smith nur Vorstufen der Industrialisierung vor Augen, wo Arbeitsteilung in der Fabrik die individuelle Tätigkeit auf einfachste Hand-
griffe reduzierte. In der zweiten Phase gewannen berufliche Bildung
und Humankapital und damit auch gehaltvollere Arbeitsprozesse
immer größere Bedeutung.

38. Zunehmende Skalenerträge – geht es noch mysteriöser? Spezialisierung und Arbeitsteilung, dabei kann man sich noch etwas vorstellen. Wenn Menschen das tun, was sie gelernt haben oder besonders gut können, dann kommen die besten Ergebnisse zustande. Der
Bäcker wird sich allerdings nur dann ganz aufs Brot backen verlegen,
wenn er das Brot auch verkaufen kann. Je größer der Markt, desto
weitergehend können Arbeitsteilung und Spezialisierung vorangetrieben werden und desto preiswerter wird das Produkt.

Zusätzlich zu den Spezialisierungsvorteilen gibt es da aber noch
ein weiteres Phänomen, etwas Mysteriöses. Die Ökonomen nennen es
zunehmende Skalenerträge, worunter ein normaler Mensch sich ver-
ständlicherweise nichts vorstellt. Den Effekt kennt allerdings fast
jeder: Bei manchen Gütern können große Produktionsmengen pro
Stück billiger hergestellt werden als kleinere Mengen. Die Durchschnittskosten fallen mit steigender Stückzahl. Wohlgemerkt, das ist
nicht überall der Fall, und als die sozialistischen Planer alle mittleren
und kleinen Betriebe abschafften, um dieses Phänomen maximal zu
nutzen, begingen sie einen großen Fehler, weil sie dadurch bestimmte
Spezialisierungsvorteile dieser Betriebe auslöschten.

Wir wollen nicht ganz verschweigen, dass die Sache auch eine
Schattenseite hat. Denn eine Vergrößerung des Marktes bedeutet
nicht automatisch eine Zunahme des Wettbewerbs, wie Adam Smith
noch meinte. Der hoch spezialisierte Betrieb neigt nämlich dazu, für
sein besonderes Produkt ein Monopol zu haben. Je größer der Markt
und je größer die Spezialisierung, desto mehr Monopole sind zu erwarten. Soweit es sich dabei nur um Produktdifferenzierungen handelt, ist das nicht weiter tragisch. Denn die Markttheorie zeigt, dass

der Wettbewerb unter solchen monopolistischen Betrieben ausreichend intensiv ist.

Eines ist deutlich: Wir brauchen einen großen Markt, um die beim jeweiligen Stand der Technik gegebenen Produktivitätspotentiale in Wachstum und Wohlfahrt umsetzen zu können. Was bestimmt aber die Größe eines Marktes? Zwei Gruppen von Faktoren spielen eine Rolle: natürlich-technische und politische. Die natürlich-technischen Faktoren sind die Transport- und Kommunikationskosten. Die politischen sind die nationalen Grenzen und die damit verbundenen Zollschranken.

Am Ende ist nicht sicher, wer wen stärker beeinflusst, der Stand der Technik die Größe des Marktes oder umgekehrt. Die industrielle Revolution nahm in England ihren Ausgang, und England hatte zu diesem Zeitpunkt bereits einen großen Markt, intern und über die Meere der Welt. Kontinentale Länder waren transporttechnisch weniger begünstigt. Hier hat erst die Einführung der Eisenbahn (in Deutschland 1835) die potentiellen Märkte schlagartig erweitert, worauf die nachholende Industrialisierung sich stürmisch ausbreitete. Allerdings bedurfte es dazu auch der Abschaffung der Kleinstaaterei mit ihren administrativen Handelsbeschränkungen. Die Gründung des deutschen Zollvereins 1834 brachte den entscheidenden Fortschritt. Der Zollverein war eine Europäische Union im Kleinen: Er schuf einen großen Markt, kannte jedoch auf Grund der Regel, Beschlüsse nur einstimmig zu fassen, auch ähnliche Konflikte wie die heutige EU.

39. Werden wir ärmer, wenn wir uns abschotten?

Arbeitsteilung und Spezialisierung sind auch dann vorteilhaft, wenn einer der beiden Tauschpartner dem anderen in allen Belangen unterlegen ist. Das war eine der theoretischen Erkenntnisse von David Ricardo (1772–1823), dem zweiten großen klassischen Ökonomen nach Adam Smith. Bis dahin hatte man gedacht, dass sich Handel nur dann für beide Seiten lohne, wenn jeder etwas auf den Markt bringt, das der andere nicht oder nur teurer produzieren kann. Die Auffassung, Handel sei ein Nullsummenspiel, d. h. einen Gewinn könne man dabei nur machen, wenn man den anderen benachteiligt, spukt noch bis heute in vielen Köpfen herum.

Am Beispiel des internationalen Handels machte David Ricardo deutlich: Arbeitsteilung und Spezialisierung und damit Handel zwischen Portugal und England lohnen sich auch dann, wenn Portugal beides, Wein und Wolle, billiger herstellen könne als England. Naturbedingt ist der Vorteil Portugals bei Wein ungleich größer als bei Wolle. Aber kein Land hat unbegrenzte Ressourcen. Verwendet Portugal seine Ressourcen, vor allem seinen Boden, bevorzugt auf die Produktion von Wein und England die seinen auf die Produktion von Wolle und tauschen sie ihre Überschüsse, dann ist die Wohlfahrt in beiden Ländern höher. Jedes der beiden Länder kann mehr Wolle und Wein konsumieren, als es ohne Handel möglich wäre.

Ricardos Theorie bildet die Grundlage des liberalen Freihandelsarguments, über das sich die Ökonomen fast alle einig sind. Merkwürdigerweise ist es der Zunft über 200 Jahre jedoch nicht gelungen, das breite Publikum von der Richtigkeit des Arguments zu überzeugen. Denn Meinungsumfragen weisen immer wieder aus, dass ökonomische Laien den freien Verkehr von Gütern, Dienstleistungen, Kapital und Arbeitskräften für schädlich halten und vom Staat erwarten, das eigene Land mit protektionistischen Maßnahmen, Zöllen, Kapitalverkehrsbeschränkungen, Zuzugssperren, Subventionen und anderen Regulierungen zu schützen.

Das Paradoxon ist leicht aufzulösen. Laien argumentieren vom individuellen Standpunkt aus: Jeder sieht im Konkurrenten eine Gefährdung seines Lebensunterhalts und findet, der Staat müsse ihn davor schützen. Volkswirte argumentieren vom gesamtgesellschaftlichen Standpunkt aus. Danach ist Wettbewerb eine Grundvoraussetzung für Wohlstand, und Ricardos Theorie trifft zu. Man braucht nur Länder zu betrachten, die ihre Wirtschaft konsequent gegenüber dem Ausland abgeschotten. Die sozialistischen Planwirtschaften in Osteuropa und Ostasien z. B. sind nicht als Zentren des Wohlstands aufgefallen.

Wie immer in der Ökonomie gibt es auch hier ein Aber! Für Produktionsprozesse mit zunehmenden Skalenerträgen ist der Zutritt zu einem bereits etablierten Markt versperrt. Denn sie müssten mit hohen Durchschnittskosten beginnen, während die ältere Konkurrenz bereits die Größenvorteile genießt. In diesem Fall ist Freihandel die beste Protektion der führenden Wirtschaften. Und die nachfolgenden Länder können den Vorsprung nur im Schutz von Zollmauern aufholen. Das ist das Schutzzollargument von Friedrich List (1789–1846).

40. Was meinte Marx mit «Moses und die Propheten»?

«Akkumuliert! Akkumuliert! Das ist Moses und die Propheten», schrieb Karl Marx im ersten Band des *Kapital*. Marx, fast 100 Jahre nach Adam Smith geboren, hatte einen anderen Kapitalismus als Smith vor Augen, nämlich die erste Phase des modernen Wirtschaftswachstums, das im ersten Quartal des 19. Jahrhunderts einsetzte. Was die sozialen Umstände betraf, war das kein schöner Anblick. Doch Marx ließ nie einen Zweifel daran, dass es sich hier um einen historischen Transformationsprozess handelt, der die produktiven Fähigkeiten der Menschen auf ein völlig neues Niveau hebt. Und er beschrieb die treibenden Kräfte, die diesen Prozess voranbrachten – die Akkumulation des Kapitals und die Konkurrenz unter den Kapitalisten.

Die industrielle Revolution hob nämlich Arbeitsteilung und Spezialisierung durch den Einsatz von Maschinen auf ein neues Niveau. Sie wurden nicht mehr von Wasser, Wind und Holz, sondern von fossilen Energieträgern (Kohle) mit sehr viel höherer Ergiebigkeit angetrieben. Dadurch konzentrierten sich die Arbeitsprozesse in Fabriken mit der Folge einer gewaltigen Urbanisierungswelle: Die Arbeitsteilung, aber auch die Kluft zwischen Stadt und Land vertiefte sich.

Die Errichtung von Fabriken und ihre Ausrüstung mit Maschinen nennen wir heute Investitionen in physisches Kapital: Immer mehr produzierte Produktionsmittel, kurz Kapitalgüter, werden im Produktionsprozess eingesetzt. Investitionen setzen einen Sparprozess voraus. Das Bruttosozialprodukt dient bekanntlich primär Konsumzwecken. Eine arme Gesellschaft wird es mehr oder minder ganz konsumieren müssen, um zu überleben. Je mehr sie auf Konsum verzichtet, d. h. spart, desto mehr Kapitalgüter können neben den Konsumgütern hergestellt werden. Lässt man einer kleinen Klasse von Reichen, Kapitalisten, einen bedeutenden Teil des Gesamteinkommens zukommen, dann können diese bei normalen Konsumausgaben mehr sparen, während die große Masse der Armen ihr gesamtes Einkommen notgedrungen konsumiert.

Aber werden die Kapitalisten auch sparen und sich nicht dem Luxus ergeben? Dafür sorgt die Konkurrenz unter den Kapitalisten. Denn als Kapitalist überlebt nur, wer seine Fabriken ständig vergrößert und erneuert. Daher stehen die Kapitalisten unter einem Diktat, als hätten die Propheten und Moses es ihnen auferlegt: Akkumuliert! Akkumuliert!

41. Sparen oder konsumieren – ja was denn nun? Wachsende Produktivität und damit wachsende Wohlfahrt sind auf Investitionen gegründet. Zu Beginn des industriellen Zeitalters waren das Investitionen in Fabriken und Ausrüstungen, später auch Investitionen in Ausbildung, Forschung und Entwicklung. Und Investitionen kosten Geld, das vom Gesamteinkommen abgezweigt werden muss und nicht für Konsum ausgegeben werden kann. Im Gegenzug steigt die produzierte Gütermenge, sodass in der folgenden Periode mehr Konsumgüter zur Verfügung stehen.

Wie man an die Investitionsmittel kommt, ist erst einmal unerheblich. Die Leute können freiwillig gespart haben, ihre Konsumwünsche können aber auch durch steigende Preise vom Markt verdrängt worden sein, oder ein staatlicher Planer legt fest, wie viel konsumiert werden darf. Bleiben wir bei der Marktwirtschaft und stellen uns die Frage: Warum sollte ein Unternehmer investieren? Richtig, weil sein Konkurrent es bereits getan hat und er aus dem Markt fallen würde, täte er es ihm nicht nach. Doch gleichzeitig muss er auch einen Markt haben, der ihm seine Produkte abkauft. Und da geraten wir in ein Dilemma: Sind die Leute tugendhaft und sparsam, dann ist zwar viel Geld für Investitionszwecke vorhanden, aber die Konsumnachfrage ist bescheiden und regt die Unternehmer nicht zum Investieren an. Sind die Leute lebenslustig und konsumfreudig, dann ist das gut fürs Geschäft und es wird investiert. Nur ist bei geringen Ersparnissen nicht viel Geld für Investitionszwecke vorhanden, und dieses knappe Angebot führt zu höheren Zinsen. Weniger ergiebige Investitionsvorhaben scheiden daher aus.

Haben die Amerikaner die Quadratur des Kreises gefunden? Sie sind alles andere als sparsam, im Gegenteil, sie leben bevorzugt auf Pump. In normalen Zeiten brummt der Markt und reizt zu Investitionen. Da das Geld nicht im Lande gespart wird, muss es von außen kommen, und bislang investieren die OPEC-Länder oder China das Geld aus ihren Handelsüberschüssen in Amerika. Aber ganz ohne einen Haken ist auch dieses Vorgehen nicht. Die amerikanischen Auslandsschulden müssen bedient und eines Tages auch zurückgezahlt werden. Je höher der Schuldenberg anwächst, desto riskanter wird es für die ausländischen Gläubiger. Der Kapitalstrom aus dem Ausland kann schließlich versiegen, wenn nämlich die Sparer dort lukrativere und weniger riskante Investitionsmöglichkeiten finden.

42. Lässt sich die Akkumulation beliebig steigern? Durch Akkumulation wird der Kapitalstock vergrößert. Dadurch steigt auch die Produktivität jeder Arbeitskraft, weil sie im Produktionsprozess von immer mächtigeren Anlagen unterstützt wird. Hier gilt allerdings das Gesetz des abnehmenden Ertragszuwachses: Vergrößert man unter sonst gleichen Umständen den Einsatz eines Produktionsfaktors (z. B. Kapital), dann nimmt der Ertrag zwar zu, aber um immer geringere Beträge, d. h. unterproportional. Es gibt auch Situationen, in denen er am Ende abnehmen kann: Ein überdüngter Boden wird unfruchtbar. Das Gesetz des abnehmenden Ertragszuwachses eines Produktionsfaktors ist zu unterscheiden von den bereits genannten Skalenerträgen, bei denen alle Einsatzfaktoren gleichzeitig um denselben Prozentsatz erhöht werden und im Ergebnis dann eine proportionale, überproportionale oder unterproportionale Erhöhung des Ertrages erbringen.

Damit der Kapitalstock auf dem einmal erreichten Niveau erhalten bleibt, muss er ständig erneuert werden. Alte Maschinen sind abgenutzt und reparaturanfällig, sie werden stillgelegt und durch neue ersetzt. Auch für diese Ersatzinvestitionen muss gespart werden. Das tun Unternehmen fast automatisch, indem sie Abschreibungen vom Kapitalwert vornehmen und die entsprechenden Beträge für die Ersatzinvestitionen zurücklegen. Man könnte diese Ersparnisse auch für Erweiterungsinvestitionen verwenden und die alten Anlagen weiterlaufen lassen. Das würde aber zu häufigen Produktionsunterbrechungen und überhöhten Reparaturaufwendungen führen. In der DDR-Wirtschaft wurde zeitweise eine solche Strategie verfolgt, und die Ingenieure und Arbeiter in Ostdeutschland waren Künstler im Reparieren. Doch darunter hat die gesamtwirtschaftliche Produktivität gelitten.

Wenn nun der Ertrag von Erweiterungen des Kapitalstocks unterproportional steigt, der Bedarf an Ersatzinvestitionen jedoch proportional (bei einem gleichbleibenden Abnutzungsfaktor), dann wird es einen Punkt geben, an dem der Ertrag diesen Bedarf genau deckt: Der gesamte Ertragszuwachs muss für den Ersatz des neu installierten Kapitalgutes aufgewendet werden. Spätestens hier hört sinnvollerweise die Akkumulation auf. Denn weitere Investitionen würden den künftigen Konsum vermindern – man müsste in Zukunft zu viel Geld für Ersatzinvestitionen aufbringen. Diesen Punkt hat nach Berechnungen verschiedener Ökonomen noch kein Land erreicht, auch wenn die am weitesten entwickelten und damit kapitalintensivsten Länder es bis dorthin nicht mehr weit haben. Das bedeutet, Wachstum muss woanders herkommen, vor allem aus technischem Fortschritt.

Gehen wir einen Schritt weiter. Die Ersparnisse bestimmen den Investitionsumfang. Solange die Ersparnisse größer sind als die Ersatzinvestitionen, wächst der Kapitalstock und damit die Wirtschaft. Sind die Ersparnisse den Ersatzinvestitionen gleich, dann haben wir ohne Bevölkerungswachstum einen stabilen Zustand – ein Wohlfahrtsniveau, das langfristig aufrechterhalten werden kann. In Ländern mit Bevölkerungswachstum muss der Kapitalstock für ein nachhaltiges Wohlfahrtsniveau natürlich entsprechend zunehmen. In beiden Fällen erlaubt eine höhere Sparquote langfristig einen höheren Lebensstandard. Das gilt aber nur bis zu einer bestimmten Grenze. Darüber hinaus findet Überakkumulation statt, und der Lebensstandard sinkt. Diese Zusammenhänge vor über 60 Jahren in einem mathematischen Modell verdeutlicht zu haben, hat Robert Solow (*1924) im Jahr 1987 den Nobelpreis für Ökonomie eingebracht.

43. Warum sagen Ökonomen nicht einfach, was Sache ist? Die Ökonomie hat einen schlechten Ruf. Sie produziere, heißt es, Trivialitäten verpackt in unverständliche mathematische Modelle. Richtig daran ist, dass die zeitgenössische Theorie der Volkswirtschaft einen hohen formalen Aufwand treibt, was in den Naturwissenschaften selbstverständlich ist. In dem Zusammenhang stellt sich nur die Frage, ob der Aufwand dem Gegenstand angemessen ist.

Eine Theorie ist ein logisch-deduktives System, das in Analogie zur realen Welt formuliert wird. Daraus folgt nicht, dass eine komplexe Welt eine komplexe Theorie erfordert. Im Gegenteil, um die Grundstrukturen einer komplexen Welt zu verstehen, muss man sie auf einfache Modelle reduzieren. Sie sind brauchbar, wenn die Implikationen solcher Analogsysteme zu Hypothesen führen, die von der Erfahrung bestätigt werden. Der empirische Test der Theorie auf Basis von statistischem Datenmaterial ist wesentlicher Bestandteil eines ökonomischen Forschungsprogramms. Und aus einer so untermauerten Theorie folgen dann Empfehlungen, was man tun könnte oder lassen sollte, wenn man ein bestimmtes politisches Ziel ansteuert. Allerdings sind diese Empfehlungen, was ihre Eindeutigkeit betrifft, nicht zu vergleichen mit den Empfehlungen, die ein Statiker aus der Mechanik ableitet oder ein Flugzeugbauer aus der Aerodynamik.

Vor allem die logisch-deduktive ökonomische Theorie sah sich immer wieder herber Kritik ausgesetzt. Gustav Schmoller (1838–1917), der mit seiner deutschen historischen Schule einen rein empirisch-induktiven Ansatz vertrat, warf ihr vor, ihre Annahmen seien unrealistisch, ihr hoher Abstraktionsgrad mache sie irrelevant für reale ökonomische Phänomene und sie entbehre jedes empirischen Gehaltes. Unter diesem Feuer steht die ökonomische Theorie bis heute. Zwar sind die Reihen der Gegner dünner geworden, aber nach wie vor sehen viele Kritiker eine Diskrepanz zwischen mathematischer Form, Eleganz, und ökonomischem Gehalt, Relevanz, der Theorie.

Muss die Theorie so abstrakt und für normale Sterbliche unverständlich sein? Abstrahieren ist, wie erwähnt, eine Grundvoraussetzung für Theoriebildung, eine zweite ist es, die Annahmen und Randbedingungen exakt zu formulieren. Die verwickelten theoretischen Zusammenhänge und Implikationen rein verbal aufzudecken und nachzuzeichnen, übersteigt in vielen Fällen unser Vorstellungsvermögen und unsere Sprachfähigkeit. Genau dafür wurde die Mathematik entwickelt. Hinzu kommt, dass die Mathematik es auch nicht erlaubt, über Ungereimtheiten hinwegzusehen.

Ein Beispiel: Adam Smith hat 1776 die Vermutung aufgestellt, dass die Koordinierung des wirtschaftlichen Geschehens durch den Markt nicht ins Chaos, sondern zu einem befriedigenden Ergebnis führt. Er hat dafür die Metapher der unsichtbaren Hand gefunden. Die Wirtschaftswissenschaft brauchte daraufhin fast 200 Jahre um exakt zu zeigen, unter welchen Bedingungen diese Vermutung zutrifft. Vor allem französische Ökonomen, die schon im 19. Jahrhundert aus der Mathematik oder Physik kamen, haben dazu beigetragen. Léon Walras (1834–1910) zählte die Unbekannten und die Gleichungen. Allein, das reichte als Beweis nicht aus. Gérard Debreu (1921–2004) und Maurice Allais (*1911) erhielten 1983 und 1988 Nobelpreise für exaktere Beweise. Brauchen wir sie? Ja, denn das Wissen um die Bedingungen, unter denen die unsichtbare Hand zu einem stabilen Gleichgewicht führt, gibt auch Hinweise darauf, was zu tun ist, wenn diese Bedingungen nicht erfüllt werden können.

44. Hängt unser Wohlstand von Innovation ab? Mit einer weiteren Ausdehnung des Kapitalstocks können die entwickelten Länder nicht mehr viel erreichen. Mehr Maschinen bringen nur unwesentliche Steigerungen des Bruttoinlandsprodukts. Das haben wir von Robert Solow gelernt. Also brauchen wir bessere Maschinen, klügere Produktionsprozesse, bessere Produkte. Wenn die erste Phase des modernen Wirtschaftswachstums von Akkumulation angetrieben wurde, ist die zweite Phase von Innovation bestimmt. Angeregt von den Ansätzen bei Marx hat Joseph Schumpeter das vor hundert Jahren zu seinem Thema gemacht.

Innovation bedeutet für Schumpeter die Durchsetzung «neuer Kombinationen». Das sind neue Konsumgüter, neue Produktionsmethoden, die Erschließung neuer Märkte, neue Bezugsquellen für Inputs, Neuorganisation der Betriebe, kurzum Strukturwandel in des Wortes weitester Bedeutung. Die Betonung liegt dabei nicht nur auf dem «Neuen», sondern vor allem auf dessen «Durchsetzung». Vor die Person des Erfinders, Entdeckers, Ideengebers tritt als eigentlicher Akteur die Person des Unternehmers, der die Vision einer Neuerung erfasst und in die Realität umsetzt. Der Unternehmer ist kein Kapitalist, er selbst hat kein Geld, sondern eine seiner Leistungen besteht genau darin, die Mittel zur Realisierung der Visionen zu beschaffen. Es ist also das Zusammenwirken von Unternehmer und Banken, das für die wirtschaftliche Entwicklung verantwortlich ist.

Viele weniger entwickelte Länder befinden sich noch in der ersten Phase des modernen Wirtschaftswachstums, d. h. sie sind noch nicht im gleichen Maß mit Kapital ausgestattet, wie das in den hochentwickelten Ländern der Fall ist. Gleichzeitig ist das Angebot an Arbeitskräften hoch, so dass die Löhne in den Ländern niedrig sind. Im Rahmen der internationalen Arbeitsteilung ziehen sie folglich arbeitsintensive und weniger innovative Produktionsprozesse an. Die Konsumenten im Westen freuen sich über billige Kleidung und billige Schuhe. Doch das Blatt hat eine Kehrseite. Wenn unsere Kleider und Schuhe in China oder auf dem indischen Subkontinent hergestellt werden, dann müssen die Leute, die sie früher in Bielefeld und Pirmasens anfertigten, etwas anderes produzieren, etwas, das ihrem hohen Lohnniveau entspricht – innovative Produkte. Innovation bringt also nicht nur die Wirtschaft voran. Im Zusammenhang mit dem internationalen Strukturwandel ist sie erforderlich, um unseren Wohlstand aufrechtzuerhalten.

Das Beispiel macht aber auch die Kosten der Innovation deutlich. Jede Neuerung, jeder Strukturwandel lässt die bisher üblichen Verfahren und ihre Arbeiter und Kapitalausrüstungen alt aussehen: Sie werden entwertet, und hier wie Schumpeter von «schöpferischer Zerstörung» zu sprechen, wäre fast zynisch. So geht es auch den Standorten, an denen die Produktion bisher konzentriert war. Die neuen innovativen Produkte werden möglicherweise an ganz anderen Standorten entwickelt und hergestellt, und sie erfordern wahrscheinlich ganz andere Fähigkeiten als diejenigen der altgedienten Arbeiter. Der Prozess von Innovation und Strukturwandel verläuft nicht glatt, sondern mit Brüchen. Er kennt Gewinner und Verlierer. Es ist eine Aufgabe des Sozialstaates, die Verluste erträglich zu machen.

45. Was tun die Bosse eigentlich?   Der Unternehmer ist eine eigenartige Figur. Denn mit den Modellen rationaler Entscheidungen lässt sich sein Handeln nicht voll erfassen. Natürlich muss ein Unternehmer ein kühler Planer und Rechner sein, soweit es sich um die Organisation des laufenden Geschäfts handelt. Und planen und rechnen muss er auch, wenn es um die Zukunft seines Betriebes geht. Doch da steht er an einer entscheidenden Schnittstelle zwischen dem, was man wissen kann, und dem, was man nicht wissen kann. Sich dort hineinzuwagen, ist seine Aufgabe. Er trifft nicht nur risikobehaftete Entscheidungen – die lassen sich mit Wahrscheinlichkeitsrechnungen erfassen. Seine Entscheidungen sind auch fundamentaler Unsicherheit ausgesetzt. Dazu braucht der Unternehmer neben seinem kühlen Verstand Intuition, ein Gespür für mögliche Entwicklungen, Mut und eine gehörige Portion kommunikativer Fähigkeiten.

Offensichtlich ist der Unternehmer die zentrale Figur, wenn es um Wachstum und Entwicklung geht. Schumpeter hat ihn als heroischen Helden des Kapitalismus beschrieben. Denn mit seiner Vision neuer Güter, Produktionsverfahren und Märkte schafft er die Ressourcen herbei, um diese Innovationen durchzusetzen. Tatsächlich kennt die Wirtschaftsgeschichte zahlreiche starke Unternehmerpersönlichkeiten, von Jakob Fugger und Cosimo Medici über Krupp und Siemens, Carnegie und Rockefeller bis hin zu Bill Gates und Lakshmi Mittal. Das waren nicht immer die angenehmsten Zeitgenossen, aber ihre Bedeutung für den wirtschaftlichen Fortschritt ist unbestritten.

Sie hätten aber nicht wirken können, wenn die Gesellschaft ihnen nicht den Raum gegeben hätte, sich zu entfalten. In China wurden früher als in Europa zahlreiche bahnbrechende Erfindungen gemacht (exemplarisch sind Schiffskompass, Schießpulver und Buchdruck), doch zu einer industriellen Revolution ist es nicht gekommen. Genau so war es mit der Entdeckung ferner Länder. Aus China machten sich die Seefahrer noch vor Europa auf die Reise. Aber nur die europäischen Unternehmer haben daraus einen kommerziellen Erfolg gemacht.

Eine unheroische Version der Entwicklungstheorie, die nicht auf die herausragende Unternehmerpersönlichkeit angewiesen ist, finden wir bei Friedrich von Hayek. Für ihn steht nicht der Unternehmer, sondern der Wettbewerb als Entdeckungsverfahren zentral. Hier herrscht das gleiche Grundprinzip, nämlich das Aufspüren neuer Kombinationen, nur beschäftigt sich damit jeder von uns, d. h. jedes Individuum, das auf seinen Nutzen aus ist. Wettbewerb ist eine Voraussetzung dafür. Hayeks Entdeckungen sind keine spektakulären Innovationen, sondern marginale Verbesserungen. Das ist der Regelfall.

Die Unternehmer kleiner und mittlerer Betriebe und die Manager großer Unternehmen sind irgendwo zwischen dem Hayekschen Jedermann und dem Schumpeterschen Helden angesiedelt. Sie wollen unter allen Umständen ihr Unternehmen am Leben erhalten. Dazu müssen sie Gewinn machen. In einer dynamischen Wettbewerbsumgebung können sie das aber nur, wenn sie ständig neue Kombinationen finden. Marx würde ihnen heute nicht mehr «Akkumuliert! Akkumuliert!» zurufen, sondern «Innoviert! Innoviert!».

46. Wissenschaft und Wirtschaft – wie verträgt sich das?

Entdeckungen oder Erfindungen werden oft zufällig gemacht. Von den erstaunlichen chinesischen Erfindungen des vorindustriellen Zeitalters wissen wir nicht, wie sie entstanden sind. Doch eine systematische, empirisch-experimentelle Wissenschaft, die sie hätte hervorbringen können, gab es damals in China nicht. Auch in anderen Hochkulturen treffen wir auf herausragende wissenschaftliche Leistungen, die indische Mathematik zum Beispiel oder die arabische Medizin. Sie blieben aber Einzelleistungen, die nicht zu einem kumulativen Wissensbestand führten, wie er sich in Europa vor allem nach der so genannten Galilei-Baconschen Revolution im 17. Jahrhundert auftürmte. Dabei verfügten die Chinesen mit dem Buchdruck sehr viel früher über das entscheidende Medium für eine allgemeine Verbreitung des Wissens.

Die hohe Konzentration der Innovationen in der neuzeitlichen westlichen Welt ist Resultat systematischer Forschung und Entwicklung. Hier kommen zwei Programme zusammen: Der Aufstieg der modernen Wissenschaft zeichnet sich durch Systematik und empirisch-experimentelle Methoden aus. Sie ist zweckfrei und ganz auf Erkenntnisgewinn gerichtet. Die eigentliche Innovation, d. h. die Anwendung von Entdeckungen und Erfindungen in der Produktion, ist dann eine normale wirtschaftliche Aktivität und folgt dem Erwerbsmotiv. Das Risiko, das damit verbunden ist, wird im Erfolgsfall durch ein zeitliches Monopol belohnt.

Zwischen Wissenschaft und Wirtschaft steht die Frage, ob man Wissen zu einem ökonomischen Gut machen dürfe. Von seiner Natur her ist Wissen ein «öffentliches» Gut, d. h. es unterliegt keiner Rivalität in seiner Verwendung: Was ich davon «konsumiere», geht niemand anderem verloren. Und wenn Wissen erst einmal veröffentlicht ist, kann man auch niemanden davon ausschließen, es sich anzueignen. Solche Güter werden in einem Wettbewerbssystem normalerweise nicht hergestellt; denn dafür bezahlt niemand einen Preis. Die Lösung des Dilemmas hat man im Patentrecht gefunden. Mit Hilfe einer rechtlichen Regulierung wird Wissen zu einem ökonomischen Gut: Jetzt erst können Unberechtigte von seiner Anwendung ausgeschlossen werden. Und es ist kein Zufall, dass die Anfänge des Patentrechts im Venedig des 15. und im England des 17. Jahrhunderts anzutreffen sind, bei den Pionieren des technisch-industriellen Fortschritts.

47. Ist Bildung ein Luxusgut? Dieser Ansicht könnte man sein. Denn als Luxusgut gilt ein Gut, das mit steigendem Einkommen vermehrt konsumiert wird. Je reicher ein Land, desto höher sind seine durchschnittlichen Ausbildungszeiten, und je höher die individuellen Einkommen, desto höher auch die Schulabschlüsse. Doch wäre es falsch, Bildung als reines Konsumgut zu betrachten, etwas das man «sich leistet». Denn da gibt es auch eine umgekehrte Kausalität: Höhere Bildung ist eine der Ursachen für höhere Einkommen. Bildung ist folglich vor allem ein Kapitalgut: Der Bildungsprozess gleicht dem Investitionsprozess, denn er kostet Zeit und Geld. Von hier aus ist es nur noch ein kleiner Schritt zum Begriff «Humankapital».

Vielen gilt dies als Unwort. Die Ökonomen kümmert das wenig. Sie haben ein ganzes Theoriegebäude darauf aufgebaut. Die Analogie zum physischen Kapital liegt auf der Hand, auch wenn die sozio-ökonomischen Implikationen ganz unterschiedlich sind. Denn in freien

Gesellschaften – das sind jene, die die Sklaverei abgeschafft haben – sind die Eigentumsrechte am Humankapital untrennbar mit dem Träger des Humankapitals verbunden. Folglich kann es keinen entsprechenden Kapitalmarkt geben, sondern nur einen Arbeitsmarkt für höher Qualifizierte.

Auf Wachstum und Wohlstand wirkt sich das Humankapital über zwei Wege aus. Zum einen kann man sich die hohen Ausbildungskosten nur für wenige Kinder leisten. Das führt zum demographischen Übergang, d. h. der drastischen Reduktion des Bevölkerungswachstums. Zum anderen ist ein stabiler Wachstumsprozess nur aufrechtzuerhalten, wenn der technische Fortschritt von einer Steigerung des Humankapitals begleitet und angetrieben wird. Immer produktivere Kapitalgüter und immer kompliziertere neue Produkte stellten hohe Anforderungen an den einzelnen Arbeiter und Ingenieur. Dieser Prozess ist noch keineswegs abgeschlossen, ganz sicher nicht in den ärmeren Ländern. Die Tabelle macht deutlich, dass in den Schwellen- und Entwicklungsländern noch große Anstrengungen erforderlich sind, den Analphabetismus auszurotten. In Deutschland hat er auf Grund der Zuwanderung aus diesen Ländern zugenommen.

Durchschnittlich absolvierte Schuljahre und
Prozentsatz der Bevölkerung im Alter über 25 Jahre ohne Schulbildung

	Schuljahre		% ohne Schulbildung	
Land	1960	2000	1960	2000
USA	8,66	12,25	2,3	1,0
Deutschland	8,28*	9,75	1,0*	5,2
Japan	6,87	9,72	2,9	0,0
China	3,4**	5,74	52,0**	20,9
Indien	1,45	4,77	75,5	44,5
Pakistan	0,63	2,45	85,6	70,1

* Westdeutschland ** 1975
Quelle: Barro, Lee (2000)

Die Bildung von Humankapital ist primär eine individuelle Entscheidung, zumeist der Eltern für ihre Kinder. Dabei spielen Nutzen, Kosten, Zahlungsfähigkeit und Kreditwürdigkeit eine große Rolle. Schon sehr früh hat der Staat in diese Entscheidungen eingegriffen mit Schulpflicht und öffentlich finanzierten Ausbildungsstätten. Interessanterweise sind hier die Länder auf dem europäischen Kontinent – Preußen, Österreich, Frankreich – am Ende des 18. und Anfang des 19. Jahrhunderts vorangegangen. In England, dem Mutterland der industriellen Revolution, verlangten die Unternehmer erst später, als ihnen der Mangel an qualifizierten Arbeitskräften bewusst wurde, vom Staat, sich zu engagieren.

48. Wer stand auf den Barrikaden der industriellen Revolution?

War die industrielle Revolution überhaupt eine *industrielle* Revolution? Der Begriff beschreibt den sprunghaften Anstieg der Produktivität zu Beginn des 19. Jahrhunderts. Die Revolution war schon eine *industrielle*, auch wenn ihr eine landwirtschaftliche vorausgehen musste. Denn durch sie wurde die Landwirtschaft als Hauptbeschäftigung der Menschen abgelöst, und die Stadt als Standort der Industrie zog die Mehrheit der Bevölkerung in ihre Mauern. Die Industriegesellschaft war fähig, mehr Bedürfnisse als nur die Grundbedürfnisse zu befriedigen – Bedürfnisse, von denen zuvor niemand ahnte, dass man sie überhaupt haben könne.

Wie bei jeder Revolution folgte auf die rosige Zukunftsvision erst einmal eine Phase von Chaos und Elend: Anfänglich vertiefte die Industrialisierung Armut und Mangel, denn sie zerstörte die traditionellen Arbeitsbeziehungen und vergrößerte die Kluft zwischen Arm und Reich. Wie hatte es zur industriellen Revolution kommen können? Wer hat sie angestiftet, was hat sie ausgelöst? Generationen von Ökonomen und Historikern haben nach der Antwort gesucht. Die Frage ist bis heute nicht befriedigend gelöst. War es die Aufklärung? Die Reformation? Waren es Kohle und Kolonien? Oder die Ablösung des *ancien régime*? Alles einleuchtende Kandidaten. Doch für jeden einzelnen lassen sich plausible Gegenargumente formulieren. Hinzu kommt die Tatsache, dass es in Europa bereits zwei Entwicklungsschübe gegeben hatte, in Norditalien im 14. und 15. Jahrhundert und in den Niederlanden im 16. und 17. Jahrhundert. Beide haben nicht den Durchbruch zur industriellen Revolution gebracht. Sie haben aber Bedingungen geschaffen, ohne die Letztere kaum denkbar wäre: Ingenieurwissen, Unternehmertum, Wirtschaftsrechnung, Finanzmärkte und internationalen Handel.

Vier Phänomene machen die industrielle Revolution aus: Erstens der demographische Übergang, wobei zuerst die Mortalität und später die Fertilität zurückgehen, so dass in der ersten Phase die Bevölkerung rapide zunimmt. Zweitens die Anhäufung von Innovationen, die mit der Fabrik, der Eisenbahn und der Kohle als Energieträger die Produktionsverhältnisse grundlegend verändern. Drittens die Bildungsrevolution, durch die die Qualifikation der Arbeitskräfte und der Output der Wissenschaften anstiegen. Und viertens die deutliche Zunahme der Realeinkommen der Bevölkerung, d. h. wachsender Wohlstand. Man kann sich vorstellen, wie diese vier miteinander verbunden sind und sich gegenseitig stimulieren. Wo sie einmal vorhanden sind, können sie stabiles Wirtschaftswachstum generieren. So wichtig die Frage nach den Ursachen der industriellen Revolution ist, so wichtig ist auch die Frage, warum sie in anderen Hochkulturen nicht stattgefunden hat.

Institutionen

49. Warum ist Wohlstand nicht nur ein technisches Problem? Der wirtschaftliche Mensch handelt annahmegemäß rational. Alle, zu allen Zeiten und überall. Was das aber konkret bedeutet, hängt von den Umständen ab. Die Dynamik der Wirtschaft ergibt sich aus dem Tausch, aus Akkumulation und Innovation, und alle diesbezüglichen Entscheidungen sind mit Unsicherheit behaftet, da sie sich auf die Zukunft beziehen. Ob man aber Güter für den Tausch herstellt, ob man investiert und sich die Mühe macht, etwas Neues herauszufinden und durchzusetzen, das alles hängt von der Frage ab, ob man am Ende auch in den Genuss der Anstrengungen gelangt, Gewinn daraus erzielt.

Einmal ehrlich: Würden Sie die Steine von Ihrem Acker sammeln, wenn Sie nicht sicher wären, dass Sie den Acker auch noch in den nächsten Jahren bewirtschaften dürfen? Würden Sie irgend etwas über Ihren täglichen Bedarf hinaus produzieren, wenn eine gewisse Wahrscheinlichkeit bestände, dass räuberische Nachbarn vorbeikommen, bevor Sie Ihre Produktion auf den Markt gebracht haben, oder Ihnen das auf dem Markt erlöste Geld abjagen, bevor Sie wieder zu Hause sind? Den räuberischen Nachbarn kann auch der Staat spielen, in dem Sie leben. Würden Sie mit einem Unbekannten einen Vertrag schließen und sich daran halten, wenn Sie sich der Vertragstreue von seiner Seite nicht sicher sind?

Von dem, was in der Wirtschaft technisch möglich ist, wird nur ein Teil verwirklicht, weil oft die Risiken und Unwägbarkeiten über das Morgen zu groß sind, als dass man sie vernünftigerweise eingehen könnte. Bestimmte Unsicherheiten sind objektiver Natur. Sie können gar nicht oder nur mit verbesserten wissenschaftlichen Erkenntnissen erfasst werden. Ob in den nächsten 10 Jahren neue Ölquellen erschlossen werden, zeigt sich erst, wenn sie gefunden sind. Andere Unsicherheiten sind subjektiver Natur, sollten aber in einer freien Gesellschaft bewusst nicht ausgeschlossen werden: Ob sich ein neues Produkt gut verkauft, hängt von den Konsumenten ab, und diese Entscheidungsfreiheit sollte man ihnen nicht nehmen. Eine dritte Gruppe Unsicherheitsfaktoren ist sozialer Natur. Sie einzudämmen ist Aufgabe unserer gesellschaftlichen Institutionen.

Unter Institutionen versteht man formelle und informelle Regeln, die das individuelle Verhalten strukturieren, die ihm aber auch Sicherheit geben. Eine Regel taugt nur, wenn sie eingehalten wird, d. h. zu ihr gehört ein Sanktionsmechanismus und jemand, der ihn handhabt. Da gibt es sehr unterschiedliche Möglichkeiten. Die Gerichtsbarkeit gibt dem Einzelnen das Recht und die Chance, seine Interessen wahrzunehmen. Der Staat hat die Pflicht, Rechtsbrüche zu verfolgen. Der Bruch informeller Regeln wird mit Reputationsverlust sanktioniert, d. h. mit sozialer Ächtung. Wohlgemerkt, der Einzelne braucht sich nicht an die Regeln zu halten. Allein, dann hat er die Kosten zu tragen, die sich aus der angedrohten Strafe und der Wahrscheinlichkeit, erwischt zu werden, zusammensetzen.

Über die Welt und über die Zeit unterscheiden sich die Gesellschaften nun erheblich hinsichtlich der in ihnen institutionalisierten Verhaltensmuster. Recht und Ordnung, Sitten und Gebräuche, Traditionen und Moralvorstellungen waren und sind äußerst vielfältig. Wir haben hier deshalb eine Fülle von Faktoren vor uns, die sich auf die unterschiedlichste Weise auf die wirtschaftlichen Aktivitäten auswirken.

50. Machen Demokratie und Frieden reich? Der Krieg sei der Vater aller Dinge, hatte Heraklit behauptet, wobei nicht sicher ist, ob er damit allgemein Wettbewerb gemeint hat und eher nicht gewaltsame Auseinandersetzungen. Zumindest zieht der friedliebende Erasmus von Rotterdam diese Interpretation vor. Wie dem auch sei, für blühende Landschaften ist ein friedliches Umfeld eine wesentliche Voraussetzung.

Diese Feststellung scheint fast selbstverständlich. Doch war es im europäischen Hochmittelalter eine der wichtigen Bedingungen für die Entfaltung des Fernhandels, dass die Herrscher den Landfrieden durchsetzten. Denn im Feudalsystem war private Gewalt legitim. Sowohl die Bauern, die auf dem flachen Land wohnten, wie die Kaufleute, die über Land zogen, sahen sich ständig Gewaltübergriffen ausgesetzt. Seit dem 12. Jahrhundert bemühten sich Kaiser und Landesherren, die private Gewalt zu ächten und den Landfrieden durchzusetzen. Im Ewigen Landfrieden von 1495 fand die Bildung der Territorialstaaten ihren Abschluss, denen das Monopol legitimer Gewalt zukommt. Nachdem sich die öffentliche Gewalt konstituiert hatte, schaffte sie auch die Grundzüge eines Rechtsstaates, womit sich der Raum für die Entfaltung wirtschaftlicher Tätigkeit erweiterte.

Es liegt offen zutage, dass jene Regionen die ärmsten sind, wo offene Konflikte herrschen. Was jedoch die Demokratie betrifft, so sind die Verhältnisse keineswegs so eindeutig. Zwar lässt sich zeigen, dass die meisten funktionierenden Demokratien unter den hochentwickelten, wohlfahrenden Nationen anzutreffen sind. Auf der anderen Seite findet Wirtschaftswachstum auch in Ländern mit autoritären politischen Systemen statt. Südkorea und Taiwan sind bekannte Beispiele. Doch vor allem China hat seit Ende der 1970er Jahre einen gewaltigen Wachstumsschub erfahren, ohne sein totalitäres kommunistisches Regierungssystem zu ändern.

Die kausale Verbindung zur Wohlfahrt ist im Fall der Demokratie weniger offensichtlich als beim Frieden. Vieles spricht für eine umgekehrte Kausalität – wohlfahrende Länder leisten sich demokratische Ordnungen – oder für den Einfluss eines dritten, bislang unberücksichtigten Faktors: Je ausgebildeter und selbstbewusster die Bürger, desto eher setzen sie ein demokratisches Regime durch, und desto reicher ist das Land.

51. Wer legt die Institutionen fest?

Unternehmer brauchen Sicherheiten, um ihre Geschäfte abzuwickeln. Solche Sicherheiten gewährt der Rechtsstaat, d. h. der öffentliche institutionelle Rahmen, der die individuellen Rechte legitimiert, prüft und sichert. Doch es geht auch ohne öffentliche Regelungen. In Gesellschaften, wo diese nicht vorhanden oder unzureichend waren, haben die Kaufleute sich private Institutionen geschaffen. Sie handelten nur mit Partnern, von denen sie sicher sein konnten, dass sie sich an vereinbarte Regeln halten. Das waren häufig Mitglieder der entfernteren Familie, der Sippe oder einer bestimmten Religionsgemeinschaft.

Wirtschaftliche Aktivität kann also von einer öffentlichen oder einer privaten Ordnung unterstützt werden. Letztere hat mehrere Vorteile: Sie verursacht nur geringe feste Kosten, denn sie beruht im Wesentlichen auf Vertrauen, und sie bleibt auf den Kreis der Interessierten beschränkt, lässt also einen möglicherweise habgierigen Herrscher oder Staat außen vor. Sie hat aber einen wesentlichen Nachteil: Sie erlaubt nur enge Märkte, denn neue Handelspartner, die einem nicht vertraut sind, bringen erhebliche Risiken und folglich Kosten mit sich. Eine öffentliche Ordnung verlangt dagegen erst einmal hohe Investitionen in Rechtssetzung und Rechtssprechung. Die zusätzlichen Kosten einer Ausweitung des Handelsverkehrs sind dann aber verhältnismäßig gering: Auch unbekannte Partner können zu Vertragstreue gezwungen werden.

Der Wirtschaftshistoriker Avner Greif beschreibt, wie sich im Mittelalter die Märkte, ausgehend von den italienischen Städten, allmählich in Europa ausweiteten. Er erklärt das – auf ähnliche Überlegungen Max Webers zurückgreifend – mit der Tatsache, dass die Kaufleute in diesen Städten das politische System beherrschten und eine öffentliche Ordnung schaffen konnten, die ihren Handelsinteressen entsprach. So überflügelten sie die bislang im Mittelmeerraum vorherrschenden arabisch-jüdischen Kaufleute, die durch ihre privaten Ordnungen beschränkt blieben. Das gleiche Problem hatten die indischen und chinesischen Kaufleute, deren Interessen nur schwach in ihrem politischen System vertreten waren.

Eine der Grundthesen des historischen Materialismus von Karl Marx lautet, dass der politisch-rechtliche Überbau einer Gesellschaft von ihren wirtschaftlichen Interessen bestimmt werde. Das mag richtig sein. Doch die entscheidende Frage lautet, welche wirtschaftlichen Interessen sich durchsetzen. Märkte und Wohlfahrt breiteten sich in Europa seit dem Mittelalter langsam und seit der industriellen Revolution rasant aus. Eine wichtige Voraussetzung dafür lag darin, dass es dem Handelskapital in der mittelalterlichen Stadt gelang, eine öffentliche Ordnung zu schaffen, die dem Handelsverkehr und der wirtschaftlichen Entwicklung förderlich war. 600 Jahre später gelang dem Industriekapital ein ähnlicher Durchbruch im bürgerlichen Staat des 18. und 19. Jahrhunderts. Beide Ereignisse sind keine Naturnotwendigkeiten, wie die Entwicklungen im arabischen Raum, in Indien und in China deutlich machen. Wo die Politik von Großgrundbesitzern, von einer bürokratischen oder einer militärischen Elite bestimmt wird, kommt keine kapitalistische Marktwirtschaft auf. Die wirtschaftliche Aktivität bleibt auf einem bescheidenen Niveau, und wir beobachten eine jahrhundertlange Stagnation.

52. Ist Eigentum Raub? Das Schlagwort vom Eigentum als Raub stammt vom französischen Sozialisten und Anarchisten Pierre-Joseph Proudhon (1809–1865). Es ist eine verkürzte Wiedergabe seiner etwas differenzierteren Überlegung zu ungerechtfertigten Privilegien, die er mit dem Privateigentum verbunden sah. Schon seit Plato besteht jedoch eine sozialphilosophische Strömung, die generell im Privateigentum die Quelle aller gesellschaftlichen Übel sieht. Als Idealzustand eines lange vergangenen goldenen Zeitalters, das eines Tages wiederge-funden werde, gilt dagegen das kommunistische Kollektiveigentum.

Die ökonomische Theorie ist prosaischer. Sie spricht weniger vom Eigentum als von Eigentumsrechten, in denen festgelegt ist, wer auf welche Weise über einen Vermögensgegenstand verfügen darf. Wohl definierte Eigentumsrechte haben zwei wichtige Funktionen: Sie be-schreiben exakt die legitimen Handlungsspielräume der Individuen, und wenn es sich um private Eigentumsrechte handelt, motivieren sie die Individuen zu wirtschaftlichem Umgang mit den Vermögens-werten und zu ihrer dynamischen Entfaltung. Beide Funktionen kommen allerdings nur dann zur Geltung, wenn sie durch das Rechts-system abgesichert sind.

Das Dilemma einer sozial nützlichen Institution besteht darin, dass sie einerseits Sicherheit gewährt, Verhaltensoptionen mit Aus-sicht auf Gewinn auszuüben, und andererseits Verhaltensoptionen einschränkt. Bei dem Gebot: Du sollst nicht stehlen! ist das wenig problematisch. Ein etwas heikleres Beispiel haben wir schon im Patent-recht kennen gelernt. Es schränkt die gesellschaftliche Ausnutzung bestimmten Wissens ein, schafft aber andererseits Anreize, solches Wissen zu generieren bzw. in der Produktion anzuwenden.

Besonders deutlich wird das Dilemma im Zusammenhang mit dem Privateigentum. Denn auf den ersten Blick ist Kollektiveigen-tum ein paradiesischer Zustand. Erst die Erfahrung hat gelehrt: Wenn alles allen gehört, werden die unerbittlichen Knappheiten nicht hinreichend berücksichtigt. Solange die beiden großen Kollek-tivgüter der Menschheit, die Luft und die Meere, unerschöpflich schienen, waren fehlende Eigentumsrechte kein Problem. Sobald aber Luft und Wasser verschmutzt und die Meere überfischt wurden, zeigten sich die Nachteile des Kollektiveigentums: Bei kollektiven Eigentumsrechten und unbeschränkter individueller Nutzung wer-den die Ressourcen überbeansprucht, und niemand investiert in ihre Erhaltung und Entwicklung. Bei Kollektiveigentum wird dafür eine zentrale Entscheidungsautorität notwendig, womit sein Charme ver-loren geht. Denn dann verfügt nur noch der zentrale Planer darüber. Natürlich kann man das Meer und die Luft nicht wie den Boden in kleine Parzellen aufteilen und in Privateigentum überführen. Doch Fangquoten und Verschmutzungsrechte sind Schritte zur Einfüh-rung von Eigentumsrechten an diesen Ressourcen, die zu einem öko-nomischen Umgang mit ihnen anhalten sollen.

53. Was hat der Rechtsstaat mit Wirtschaftswachstum zu tun?

Vom Standpunkt der Legislative dient das Recht der Steuerung sozialen Verhaltens. Vom Standpunkt des Einzelnen dient es der Orientierung seines Handelns. Unternehmerische Tätigkeit kann vom Rechtssystem wesentlich erleichtert, aber auch erschwert werden. Individuelle Freiheiten schaffen Anreize, tätig zu werden, aber erst der Schutz der Eigentumsrechte schafft die Gewissheit, auch in den Genuss der Früchte der Tätigkeit zu gelangen.

Nun könnte man meinen, ein starker Staat sei der beste Garant für ein funktionsfähiges Rechtssystem. Das ist nicht notwendigerweise der Fall. Der moderne totalitäre Staat und der frühmoderne absolutistische Staat waren ohne Zweifel stark. Doch in ihnen standen die Herrschenden über dem Recht, was ihnen willkürliche *ad-hoc* Entscheidungen ermöglichte. Niemand – außer Gott – zog sie dafür zur Rechenschaft. Das gilt auch für die meisten vormodernen Herrscher in Asien. Für Kaufleute ist das kein angenehmes Klima. Erst im Rechtsstaat unterstehen die Regierenden dem Recht. Aber selbst das schützt den unternehmenden Bürger nicht immer vor konfiskatorischen Zugriffen des Staates.

Doch ist der Rechtsstaat wirklich so wichtig für die Wohlfahrt? China hat Ende der 1970er Jahre seine Wirtschaftspolitik geändert, ohne Rechtsstaat und Demokratie einzuführen, und ein bislang stetiges, beispielloses Wachstum erzielt. Umgekehrt konnte Indien Demokratie und Rechtsstaat vom britischen *Raj* übernehmen, ohne dass dies für viele Jahre zu auffälligem Wachstum geführt hätte. Eine sozialistische Wirtschaftsordnung blockierte in China jegliche unternehmerische Initiative, in Indien legte sie ihr ständig Steine in den Weg. Und eine sozialistische Wirtschaftspolitik setzte in beiden Ländern falsche Akzente. Ganz offensichtlich sind Demokratie und Rechtsstaat weder notwendig noch hinreichend für die Entfaltung von Unternehmertum und Märkten. Es wäre aber sicher falsch, daraus unmittelbar auf die Irrelevanz von Rechtsstaat und Demokratie zu schließen.

Die Transformation, die in beiden Ländern in den 1980er und 1990er Jahren vollzogen worden ist, hat rechtliche und politische Beschränkungen der unternehmerischen Freiheit aufgehoben, also unternehmerische Initiative freigesetzt, die sich unmittelbar auf das Wachstum auswirkte. Der politische Wandel in Süd-Korea und Taiwan, aber vor allem in Japan, die eine vergleichbare Transformation schon früher vorgenommen hatten, zeigt, dass die korrespondierenden Institutionen und Einstellungen sich bei einem nachhaltigen Entwicklungsprozess mitentwickeln. Kurzum, werden den Individuen die Fesseln der Handlungsfreiheit und Initiative abgenommen, kann das zu plötzlichen Wachstumsschüben führen. Im Lauf der Zeit macht wachsende Wohlfahrt dann einen entsprechenden politischen Rahmen notwendig.

54. Lässt sich Unsicherheit nicht durch Planung vermeiden? Jede wirtschaftliche Entscheidung hat mit Unsicherheiten zu kämpfen. Soweit es sich um objektive Unsicherheiten handelt, z. B. das Wetter, Naturkatastrophen oder auch künftige Erfindungen, ist da wenig zu machen. Wo die Quelle der Unsicherheit aber im autonomen Verhalten der Anderen liegt, könnte man versuchen, sie durch bewusste Organisation und Koordinierung zu verringern oder zu vermeiden. Darin beruht, abgesehen von den technischen Vorzügen, die Rationalität der Unternehmung. Die wirtschaftlichen Tätigkeiten wurden seit der industriellen Revolution in immer größeren Einheiten, eben den Unternehmungen, zusammengefasst, weil das Kosten spart und ein zielgerichteteres Arbeiten ermöglicht als die Koordinierung von kleinen Selbständigen. Neben die horizontalen Tauschbeziehungen sind Arbeitsverträge und hierarchische Autoritätsstrukturen getreten. Der Produktivitätseffekt ist nicht zu übersehen: Das Wirtschaftswachstum der letzten 200 Jahre ist unter anderem Ergebnis dieser neuen Organisationsformen.

Muss nicht das, was im Kleinen so erfolgreich ist, auch im Großen funktionieren? Diese Vermutung wurde für Karl Marx zur Gewissheit. Er hielt es für eine ausgemachte Sache, dass der krisenanfällige Markt, der nur per Zufall und sozusagen hinter dem Rücken der Menschen ein Gleichgewicht zustande bringe, von bewusster, rationaler Planung übertroffen werde. Nicht nur die Sozialisten sind dem Rationalitätsoptimismus erlegen. Auch Joseph Schumpeter hielt am Ende des Zweiten Weltkriegs die kapitalistische Marktwirtschaft für überholt. Allerdings kehrt sich bei ihm die Kausalität um: Weil die moderne Wissenschaft die Unsicherheiten radikal reduziert habe, sei mehr und mehr rationale Planung möglich und werde sich am Ende durchsetzen.

Der Gedanke der Investitionslenkung und Planung des technischen Fortschritts tauchte in den 1970er Jahren noch einmal auf, und Jan Tinbergen (1903–1994), der erste Nobelpreisträger in der Ökonomie, formulierte seine Konvergenzhypothese: Das optimale Wirtschaftssystem bewege sich auf die Mitte zwischen Markt und Plan zu. Soweit der moderne Großkonzern an Bedeutung gewinnt, ist das auch der Fall. Doch durch die Erweiterung der Märkte im europäischen gemeinsamen Markt und der Globalisierung bleibt das Marktelement dominierend.

Die Versuche, die z. B. in Frankreich, England und den Niederlanden nach dem Zweiten Weltkrieg mit Wirtschaftsplanung gemacht wurden (in Deutschland widersetzten Ludwig Erhard und die Ordo-Liberalen sich dem kategorisch), sind gescheitert. Der sozialistische Großversuch in Osteuropa fand 1989–90 ein jähes Ende. Die kapitalistische Marktwirtschaft erwies sich zäher und erfolgreicher, als viele es vor 60 Jahren vermutet hatten. Einer der Gründe dafür ist in der Tatsache zu suchen, dass Innovation und Dynamik notwendigerweise mit Unsicherheiten, mit Wettbewerb und mit individueller Initiative verbunden sind. Planung kann die Unsicherheit reduzieren, schnürt damit aber gleichzeitig Innovation und Dynamik ein.

55. Ist der Markt allein selig machend? Ein Markt ist zunächst einmal der Ort, wo Tausch stattfindet, wo also die Leute Güter anbieten, die sie hergestellt haben, aber nicht selbst verbrauchen, und Güter nachfragen, die sie verbrauchen wollen, aber nicht selbst herstellen. Das kann direkt geschehen oder über Mittelsmänner, Kaufleute. So ein Markttausch zeichnet sich aus durch freiwillige Verträge und unterscheidet sich dadurch von Tauschformen, denen entweder Sitte oder Zwang zugrunde liegen.

Ökonomen sehen im Markt zusätzlich einen Koordinationsmechanismus. Denn sobald Arbeitsteilung und Spezialisierung auftreten, stellt sich das Problem, die individuellen Aktivitäten aufeinander abzustimmen. Das kann bewusst und planmäßig geschehen, aber auch indirekt und spontan über den Markt. Die Koordinationsaufgabe besteht vor allem darin, Informationen zu sammeln und zu verarbeiten und dann die Akteure dazu anzuhalten, sich so zu verhalten, dass mit den gegebenen Mitteln die maximale Wohlfahrt hergestellt wird. Der Planer wird hingegen mit wachsendem Umfang der zu koordinierenden Aktivitäten von einer Informationsflut erdrückt oder von Informationsmangel frustriert. Zudem hat er das jedem Arbeitgeber bekannte Problem, die Akteure (Mitarbeiter) zu plankonformem Handeln zu stimulieren. Der Markt erledigt die Koordinationsaufgabe anonym über die Marktpreisbildung und das Gewinnstreben seiner Teilnehmer. Der Marktpreis enthält alle relevanten Informationen über die Möglichkeiten und Kosten der Produzenten und über die kaufkräftige Nachfrage der Konsumenten.

Wo selbständige Individuen oder Unternehmen miteinander in Austausch treten, haben wir einen Markt. Wo hierarchische Über- und Unterordnungen mit Autoritätsbeziehungen herrschen, liegt Plankoordination vor. Folglich ist evident, dass der Markt nicht allein selig machend ist, denn solche Hierarchien sind in Unternehmen und Verwaltungen allgegenwärtig.

Es sind vor allem die Anonymität des Marktes und seine grundlegenden Prinzipien wie Privatautonomie, Gewinnstreben und Wettbewerb, die zur Kritik an diesem Mechanismus führen. Der Markt hat kein soziales Gewissen, das ein wohlwollender Planer vielleicht entwickelt. Dafür ist er frei von Autoritätsbeziehungen. Institutionelle Regelungen schaffen einen Rahmen für den Markt durch Marktordnungen, Börsenordnungen, Wettbewerbsrecht, Arbeitsmarktregulierungen und Ähnliches. Das dient der Funktionsfähigkeit, aber auch sozialen Zielen. Wie notwendig eine kluge Finanzmarktregulierung ist, hat die jüngste Finanzmarktkrise überdeutlich gemacht. Darüber hinaus betreibt die soziale Marktwirtschaft eine eigenständige Sozialpolitik, da eine zu enge Regulierung des Marktes auf Kosten seiner Effizienz ginge. Diese Verbindung von Markt und Sozialpolitik bei möglichst weitgehender funktionaler Trennung ist eines der dynamischen Elemente sozialer Marktwirtschaften.

56. Wozu brauchen wir Geld, wozu ein Finanzsystem? Geld ist eine der großen Erfindungen der Menschheit, die Wachstum und Wohlstand ermöglicht haben. Trotzdem wird es von vielen verteufelt, die darin eine Ursache des moralischen Verfalls sehen: Geld verdirbt den Charakter. Was Geld eigentlich ist, wird sehr unterschiedlich diskutiert und braucht uns hier nicht zu beschäftigen. Sehr wohl aber die Funktionen, die Geld in einer arbeitsteiligen Wirtschaft erfüllt.

Geld und in Geld ausgedrückte Preise sind für eine rationale Wirtschaftsrechnung unerlässlich. Um die Produktionskosten eines Gutes, um die Rentabilität des eingesetzten Kapitals zu berechnen, müssen Äpfel und Birnen zusammengezählt werden. Das geht nur mit Geldpreisen, die annähernd die Angebots- und Nachfragesituation wiedergeben. Geld erleichtert zum Zweiten ganz erheblich den Tausch. Es kommt immer wieder einmal zu Situationen, in denen das Geld seine Funktionsfähigkeit verloren hat und man auf den steinzeitlichen reinen Gütertausch zurückfallen muss. In Deutschland war das kurz nach dem Zweiten Weltkrieg der Fall, in Russland in den 1990er Jahren. Das sind in der Regel Situationen eingeschränkter wirtschaftlicher Aktivität. Selbst die sozialistischen Planwirtschaften, denen das Geld ein Dorn im Auge war, konnten nicht ganz darauf verzichten. Und schließlich erlaubt Geld, Werte über die Zeit aufzubewahren. Man stelle sich vor, ein Rentner müsste von dem leben, was er sich in Keller und Speicher für seine alten Tage aufbewahrt hat, anstatt Geld aus der Rentenversicherung oder von der Sparkasse zu erhalten. In Zeiten, wo es kein Geld gab oder wo der Wert des Geldes rasch verfiel, mussten auch die Alten ihr Brot verdienen bzw. die Familie war die einzige Form der Alterssicherung.

Über diese allgemeinen Aufgaben des Geldes hinaus kann man sich eine dynamische Wirtschaft ohne Geld und ohne ein Finanzsystem – also ohne Kapitalmarkt, Banken, Versicherungen – nicht vorstellen. Auch das ist ein Phänomen von Arbeitsteilung und Spezialisierung. Der Kapitalismus als die produktivste bekannte Wirtschaftsordnung beruht seit dem Mittelalter auf der entwickelten Geldwirtschaft. Ohne sie keine Investitionskredite, keine Handelskredite, keine Risikostreuung, keine Unternehmenskontrolle. All das verlangt kluge Regulierung und bleibt trotzdem jederzeit mit Risiken und Unsicherheiten verbunden. Die Geldwirtschaft ist ein hoch sensibles System.

Das führte uns nicht zuletzt die Finanzmarktkrise 2008–09 wieder vor Augen, die das Vertrauen in das Finanzsystem gründlich erschüttert hat. Gleichzeitig lasen die Leute mit verständnislosem Staunen von vielen Hunderten Milliarden Euro oder Dollar, mit deren Bereitstellung die Regierungen das System zu stabilisieren versuchten. In diesen Summen drücken sich nicht nur die gewaltigen Beträge aus, die die Manager des Systems verspekuliert und in den Sand gesetzt hatten. Darin drückt sich auch die Bedeutung des Systems für die Wirtschaft der Welt und jedes einzelnen Landes aus. Es musste um jeden Preis aufrechterhalten bleiben. Die Finanzmarktkrise ist an der Güterwirtschaft nicht spurlos vorbeigegangen. Doch ein Zusammenbruch des Finanzsystems hätte noch weit verheerendere Folgen gehabt.

57. Gute Regierung – gibt es das? «Gute Regierung», das war im aufgeklärten Absolutismus schon einmal ein Schlagwort der Wirtschaftspolitik – damals nannte man es *gute Polizey*. In jüngster Zeit taucht der Begriff wieder auf unter der englischen Bezeichnung *good governance*. Das ökonomische Problem im Deutschland des 17. und 18. Jahrhunderts war die wirtschaftliche Entwicklung. Dafür mussten geeignete Bedingungen geschaffen werden. Die kameralistischen Autoren von damals hielten Gottesfurcht, Frieden, Gerechtigkeit, Bildung, Gesundheit, kommunale Einrichtungen, freien Handel, Recht und Ordnung, stabiles Geld für wichtig. Heute sieht die Weltbank in guter Regierung eine wesentliche Voraussetzung für Wohlfahrtssteigerungen in den weniger entwickelten Ländern. Die Liste der Eigenschaften ist im Prinzip nicht so verschieden, auch wenn Gottesfurcht nicht mehr darauf steht – aber vielleicht darauf stehen sollte.

Was gute Regierung ausmacht, sind erstens der demokratische Prozess, durch den Regierungen gewählt, überwacht und ersetzt werden, zweitens die Fähigkeit der Regierung, solide und verantwortliche Politik zu entwerfen und durchzusetzen, und drittens der Respekt, den Bürger und Staat den Institutionen entgegenbringen, die ihr soziales Leben regeln. Was den demokratischen Prozess betrifft, zeichnet sich gute Regierung beispielsweise durch demokratische Rechte, Partizipation und Pressefreiheit aus, schlechte Regierung dagegen durch verfassungswidriges Verhalten, Terrorismus, Einmischung des Militärs. Politische Effektivität setzt eine transparente und glaubwürdige Verwaltung und Kompromissfähigkeit voraus, während inkompetentes Verwaltungspersonal, mangelhafte Rechtsüberwachung und nicht-marktkonforme Verordnungen sich negativ auswirken. Der Respekt der Bürger und des Staates vor den verfassungsmäßigen Institutionen wird unterstützt von einer unabhängigen Rechtssprechung, von Vertragstreue und der Vorhersehbarkeit der Politik, während die private Vereinnahmung des Staates, der Missbrauch der öffentlichen Macht für private Zwecke und Korruption deutliche Zeichen schlechter Regierung sind.

Schlechte Regierung schafft schlechte Voraussetzungen für die Wirtschaft: Die Kosten werden unverhältnismäßig hoch. Umfangreiche empirische Untersuchungen über fast alle Länder der Welt belegen: Gute Regierung bringt Wohlfahrt, Armut ist Folge von schlechter Regierung.

Aber wenn das so ist, warum legen sich nicht alle Länder eine gute Regierung zu? Wie kommt man eigentlich an eine gute Regierung? Hat sich erst der politische Stil einer schlechten Regierung festgesetzt, ist das Problem nicht durch die Abwahl einer einzelnen Regierung zu lösen. Man gerät in eine Institutionenfalle. Wo Korruption, Amtsmissbrauch oder Steuerhinterziehung die Regel sind, kann ein Einzelner sich nicht korrekt verhalten – er würde aus dem Markt gedrängt. Die Änderung des politischen Stils ist ein Koordinationsproblem, zu dessen Lösung alle beitragen müssen. Da ist leicht gesagt, man müsse die Kosten des guten Regimes senken und die des schlechten erhöhen und man müsse die Kosten des Übergangs vom einen zum anderen verringern. Eine ruckartige Veränderung, z. B. ein verlorener Krieg oder eine Revolution, kann manchmal helfen. Doch die Beispiele der gut regierten Länder – Skandinavien steht da an der Spitze – zeigen, dass ein positives politisches Gleichgewicht meistens Resultat einer kontinuierlichen historischen Entwicklung ist.

58. Warum hat der Kapitalismus eine so schlechte Presse?

Eigenschaften des kapitalistischen Wirtschaftssystems sind uns bereits in mehreren Fragen begegnet. Fassen wir sie noch einmal zusammen! Es handelt sich um ein marktwirtschaftliches System, d. h. die Güter werden mit dem Ziel der kommerziellen Verwertbarkeit produziert. Als Marktwirtschaft stützt sich das System auf selbständige Unternehmer, die Gewinn machen müssen, um als Unternehmer zu überleben. Das komplexe Geflecht der Produktions- und Absatzbeziehungen und die Dynamik des Systems beruhen auf Akkumulation und Innovation und setzen eine entwickelte Geldwirtschaft voraus. Wesentlich für die kapitalistische Produktion ist die Fabrik, eine technisch bedingte hierarchisch organisierte Form der Arbeitsteilung. Auch wenn das System robust ist, weist es immer wieder krisenhafte Schwankungen auf. Und schließlich spielen soziale Überlegungen in dem System eine sekundäre Rolle.

Kommerz, Geld, Gewinnstreben, Privateigentum, Krise, Ungleichheit – all das ist für viele ethisch suspekt. Die Menschen, die sich in diesem Dunstkreis bewegen, sind von ihrer wahren Natur entfremdet oder zumindest von ihren ethischen Idealen weit entfernt. Ein solches Urteil ist nachvollziehbar. Dem stehen auf der Habenseite gegenüber: Handlungsfreiheit, Effizienz, Wachstum, Innovation, Wohlstand. Man versteht, dass das Kommunistische Manifest im Kapitalismus einerseits einen gewaltigen historischen Fortschritt sah. Zu deutlich ist der Entwicklungssprung, zu deutlich der Rückstand, in den die Gesellschaften fielen, die dieses System noch nicht adaptiert hatten. Auf der anderen Seite stand aber die Vision einer Ordnung, die den humanen Bedürfnissen und Idealen, die der Selbstverwirklichung des Menschen besser entgegenkommt.

Wo die Ordnung ohne Markt, ohne Geld, ohne Unternehmertum und ohne Privateigentum auskommen sollte, bleibt sie eine Utopie oder verfällt in Ineffizienz und Rückständigkeit, wie die sozialistischen Wirtschaftssysteme der Vergangenheit. Der Kapitalismus des 21. Jahrhunderts hat zwar noch alle genannten Eigenschaften, doch stellt er sich ganz anders dar, als jener des 19. Jahrhunderts. Die Politik, der Staat, der gesamte institutionelle Rahmen haben sich gewandelt. Sie sind nicht mehr ausschließlich den Interessen des kommerziellen Bürgertums verpflichtet. Die Politik wurde in Folge der Arbeiterbewegung, und zwar der sozialistischen wie der christlichen, demokratisiert. Die Begriffe Sozialstaat, Wohlfahrtsstaat, soziale Marktwirtschaft sind Ausdruck für diesen Wandel. Machten im 19. Jahrhundert die Staatsausgaben keine 10 % des Bruttoinlandsprodukts aus, liegt der Satz in Deutschland heute über 45 %. Das Raubtier wurde gebändigt. Dieser Prozess ist noch keineswegs abgeschlossen, vor allem nicht in Schwellenländern wie China und Indien, wo erst vor kurzer Zeit ein stürmischer Aufholprozess begonnen hat.

Wachstumskultur

59. Ist der homo oeconomicus eine Missgeburt? Kein theoretisches Konstrukt hat so viel Kritik und Spott über sich ergehen lassen müssen wie der *homo oeconomicus*, der wirtschaftliche Mensch. Dabei war er von seinem Vater Vilfredo Pareto (1848–1923) ganz harmlos gedacht. Der suchte für die Erklärung des Wirtschaftssystems ein Referenzmodell unter der Annahme, dass Menschen nur «logisch» handeln, wohl wissend, dass in Wirklichkeit «nicht-logisches» Handeln normal ist. Dafür ist bei Pareto dann aber nicht die Ökonomie, sondern die Soziologie zuständig.

«Logisches» Handeln klingt etwas seltsam. Gemeint ist Folgendes: Der wirtschaftliche Mensch, von dem die ökonomische Theorie ausgeht, handelt zielgerichtet und rational. Das setzt voraus, dass er weiß, was er will, und dass er weiß, was er kann. Mit anderen Worten, er ordnet und bewertet die Ergebnisse seines Handelns entsprechend klar definierter Präferenzen. Die werden als gegeben und stabil unterstellt. Darüber hinaus verfügt er über alle erforderlichen Informationen und die Rechenkapazität, das alles zu verarbeiten. Rational bedeutet somit, die verfügbaren Mittel nach bestem Kenntnisstand so einzusetzen, dass daraus der höchste Nutzen zu ziehen ist bzw. die individuellen Ziele möglichst vollständig erfüllt werden.

Diese instrumentelle Rationalität hat nichts mit Vernunft zu tun – die Ziele mögen objektiv betrachtet völlig unvernünftig sein. Der *homo oeconomicus* muss auch kein Egoist sein, wie ihm manchmal unterstellt wird. Denn das Wohlergehen seines Nächsten oder Fairness können durchaus zu seinen Zielen zählen. Empirische Untersuchungen zeigen allerdings, dass Eigennutz vorherrscht. Vor allem, wenn es eng wird, nehmen altruistische Regungen ab. Die Probleme des Konstrukts sind woanders zu suchen, nämlich in den Annahmen, den autonomen Zielvorstellungen und der vollständigen Information. Denn Menschen sind nicht so autonom, wie hier unterstellt, sie sind beeinflussbar – gäbe es sonst Werbung? Informationen andererseits sind ein knappes, wirtschaftliches Gut, d. h. ihre Beschaffung kostet Zeit und Geld.

Kein Ökonom wird behaupten, draußen auf der Straße liefen *homines oeconomici* herum. Und doch hat er in der Volkwirtschaftslehre einen bürgerlichen Namen erhalten – Robinson Crusoe. Diese von

Daniel Defoe (1660–1731) im Jahr 1719 in die Welt gesetzte Figur überlebte auf einer einsamen Insel nur dank aufgeklärter Disziplin und rationaler Planung – so zumindest haben viele Ökonomen seine Abenteuer gelesen. Defoes Robinson war freilich aus etwas anderem Holz geschnitzt. In der Rolle des kühlen Rechners treffen wir ihn dann zum Beispiel bei Hermann Heinrich Gossen (1810–1858) an in seinem bahnbrechenden Buch *Entwicklung der Gesetze des menschlichen Verkehrs und der daraus fließenden Regeln für menschliches Handeln* von 1854, das bei seinem Erscheinen buchstäblich niemand lesen wollte. Als Muster für das Entscheidungsmodell des isolierten Individuums tat Robinson dann in vielen Lehrbüchern gute Dienste.

Nun leben wir jedoch nicht als isolierte Individuen, die wie Rechenautomaten funktionieren, sondern als gesellige Lebewesen. Das heißt, wir haben nicht nur die Sachbezüge zu berücksichtigen, sondern auch die Aktionen und Reaktionen der Anderen. Jeder Tausch ist ein gesellschaftlicher Verkehr, bei dem der Einzelne sich strategisch verhält, d. h. vorausschauend die Reaktionen der Anderen in sein Kalkül mit einbezieht.

Die Erweiterung des *homo oeconomicus* zum strategischen Spieler nimmt ihm nichts von seiner Rationalität, bringt ihn aber etwas näher an die Realität. Auch wenn die entsprechende Theorie «Spieltheorie» heißt, geht es dabei um bitteren Ernst. Reinhard Selten (*1930), der 1994 einen Nobelpreis für seine Fortentwicklung der Theorie erhielt, untersucht in Laborexperimenten, wie weit es her ist mit der Rationalitätshypothese. So mag es denn sein, dass wir eines Tages bessere Verhaltensannahmen haben und den *homo oeconomicus* zu Grabe tragen können. Als Referenzmodell wird er aber wohl noch lange gebraucht.

60. Ist Egoismus die Basis unseres Wirtschaftssystems? Habgier, die niedrigste Form von Egoismus, sei schuld an der jüngsten Finanzmarktkrise, so konnte man vielerorts lesen. Davon erfasst seien nicht nur die Manager des Finanzsystems, sondern auch das breite Publikum, das sich bedenkenlos auf scheinbar hoch rentierliche, aber deshalb auch hoch riskante Anlageformen gestürzt habe. Als die Blase platzte, machte sich Katerstimmung breit, und die Kapitalismuskritik hatte wieder einmal Hochkonjunktur.

Mit der Frage, ob Egoismus die Basis unseres Wirtschaftssystems sei, begeben wir uns auf schwankenden Boden. Denn anders als beim *homo oeconomicus*, der ein theoretisches Konstrukt ist, brauchbar oder nicht, geht es hier um tatsächliches Verhalten. Hier befinden wir uns auf dem Terrain der Psychologie und Anthropologie, von dem aus die ökonomische Theorie seit jeher unter Beschuss genommen wurde. Egoismus wiederum ist ein Begriff der philosophischen Ethik und insofern bedenklich, als er nur allzu leicht mit moralischen Werturteilen beladen wird.

Definiert man Egoismus als Eigeninteresse oder Selbsterhaltungstrieb, wäre der Vorwurf trivial und würde sich nicht gegen ein bestimmtes Wirtschaftssystem richten. Denn das sind die Triebfedern des menschlichen Überlebens. Versteht man darunter eine übersteigerte Selbstliebe, die zur Verfolgung eines engen Eigennutzes auf Kosten anderer führt, dann hat der Vorwurf Gewicht. Denn bei der sozialen Natur der Wohlfahrtserzeugung muss ein solcher Egoismus schädlich sein.

Es ist nun keineswegs ausgemachte Sache, dass die Menschen im modernen Wirtschaftssystem notwendigerweise von übersteigerter Selbstliebe angetrieben und sich der Produktivität sozialer Beziehungen nicht bewusst sind. Was nach Eintritt der Finanzmarktkrise als schrankenlose Habgier erschien, war möglicherweise nur Herdenverhalten: Wenn alle mit jenen obskuren Papieren Geld verdienen, warum dann nicht auch ich? Wo der Wettbewerb hart ist, wird ein Unternehmer andererseits zu «ökonomischem» Verhalten gezwungen, was nicht automatisch asozial bedeutet. Doch er muss jeden Kostenfaktor daraufhin prüfen, ob er nicht eingespart werden kann.

Die Entwicklungsgeschichte vom Frühkapitalismus bis zur heutigen Wirtschaft zeigt, wie staatliche, berufsgenossenschaftliche und andere Regulierungen dem Gesamtinteresse und dem Gemeinwohl Geltung verschaffen. Arbeitsschutz ist ein älteres, Umweltschutz ein jüngeres Beispiel. Dem einzelnen Wirtschaftssubjekt mag durchaus bewusst sein, dass sein Eigennutz auf längere Sicht von der Wahrung der Interessen anderer abhängt. Im konkreten Wettbewerbskontext fällt es ihm aber schwer, sich spontan adäquat zu verhalten. Hierzu bedarf es der gesellschaftlichen Koordination, eben der formellen und informellen Institutionen. In diesen Institutionen drückt sich der ethisch-soziale Konsens einer Gesellschaft aus, der für ihre Wohlfahrt entscheidende Bedeutung hat.

61. Warum ist der kollektive Mensch kein Kapitalist? Gibt es ihn denn überhaupt, den kollektiven Menschen? Ein Naturbursche ist er wohl nicht. Eher wird er von den gesellschaftlichen Bedingungen produziert, in denen er lebt. Das Mitglied einer indischen Kaste konnte es über Jahrhunderte vergessen, je etwas anderes tun zu dürfen, je sich anders verhalten zu dürfen, je mit anderen Menschen in Kontakt treten zu dürfen, als es die Tradition seiner Kaste ihm auferlegte. Mit Blick auf das Kastenwesen hat der französische Anthropologe Louis Dumont (1911–1998) den Typus des *homo hierarchicus* skizziert.

Der sozialistische Kollektivismus ist nicht naturwüchsig aus dem Wettbewerb mit dem Kapitalismus hervorgegangen, sondern wurde zwangsweise unter der Diktatur des Proletariats verordnet. Privates Unternehmertum, Privateigentum und Marktbeziehungen waren nicht nur ideologisch geächtet, sondern auch gesetzlich abgeschafft. Die Berliner Mauer konnte man schließlich als betoniertes Symbol für die Einschränkung der persönlichen Freiheit sehen, ohne die eine kapitalistische Wirtschaftsordnung nicht funktioniert.

Eine Karikatur des kollektiven Menschen ist der *homo sovieticus*, den der russische Soziologe und Schriftsteller Aleksandr Zinovev (1922–2006) in seinem gleichnamigen Buch geschildert hat. Aufgewachsen in der paternalistischen Obhut von Staat und Partei scheute er jegliche Eigeninitiative. Das Gemeinschaftseigentum hielt er für herrenlos, es verdiente keinen sorgsamen Umgang, und man konnte sich daraus gegebenenfalls auch privat bedienen. Die Arbeitseinstellung war lax, Alkoholismus notorisch, und sein ganzes Interesse galt den Errungenschaften des goldenen Westens, die er nur vom Hörensagen kannte. Kurzum, er war das glatte Gegenteil des «neuen Menschen», den die Partei propagierte und den «kommunistisches Bewusstsein, Arbeitsfreude, Disziplin und Ergebenheit den Interessen der Gesellschaft gegenüber» auszeichnen (so das dritte Parteiprogramm der KPdSU von 1961).

Hätte es eines Beweises dafür bedurft, dass die Aufhebung der gesellschaftlichen Beschränkungen das «natürliche» Erwerbsstreben und die individuelle Initiative der Menschen freisetzt, dann hat die jüngste Entwicklung in China diesen Beweis geliefert. Sobald die Bauern aus den Volkskommunen entlassen wurden und ein Stückchen Land, das rechtlich nicht einmal ihr Eigentum ist, eigenverantwortlich bewirtschaften durften, nahm die Landwirtschaftsproduktion zu, und es setzte ein Wachstumsprozess ein, der inzwischen über 30 Jahre andauert.

62. Hatte David Hume recht: Fleiß, Wissen und Humanität bringen Wohlstand?

»Wir können vernünftigerweise nicht erwarten, dass die Produktion von Wolltuchen in einem Land perfektioniert wird, das von Astronomie nichts weiß oder wo man die Ethik vernachlässigt«, schrieb David Hume (1711–1776), der schottische Philosoph und Freund von Adam Smith, im Jahr 1752. Das mag seltsam klingen. Doch Smith teilte offensichtlich die Meinung: Er verfasste ein Buch über die Geschichte der Astronomie und ein weiteres über Ethik, bevor er sich der Ökonomie zuwandte. In der Geschichte der Astronomie ging es ihm um den erkenntnistheoretischen Hintergrund und um die Entwicklung der modernen Naturwissenschaft. Sie musste natürlich mit der Newtonschen Himmelsmechanik enden. Die klassische Mechanik ist ein Stein im Fundament der modernen Industrie (und, nebenbei bemerkt, ein Vorbild für die moderne Ökonomie).

Smiths «Theorie der ethischen Gefühle» beschäftigt sich mit der Frage, wie grundsätzlich eigennützige Menschen Einsicht in die Interessen der anderen entwickeln. Optimistischer als Thomas Hobbes (1588–1679), der den vom schrankenlosen Egoismus getriebenen Kampf aller gegen alle nur mit einem absolutistischen Staat beherrschen zu können glaubte, hielt Smith ein Gefühl für Fairness den Menschen angeboren. So können sich die Bürger auf ethische Prinzipien einigen, die sich am Ende im Recht niederschlagen und das gesellschaftliche System zusammenhalten. Im Übrigen waltet, so Smith, die unsichtbare Hand: Nicht dem Wohlwollen des Bäckers verdanken wir unser tägliches Brot, sondern seinem eigennützigen Erwerbsstreben.

Hume und Smith sprechen hier die Erkenntnis an, dass Wohlstand zweifellos erst einmal auf Fleiß gegründet ist, dann aber vor allem auf Wissen und Humanität. Und Hume meinte, eine Verbindung der drei trete erfahrungsgemäß in Hochkulturen auf. Das ist nun genau die Frage. Der industriellen Revolution ging in Europa eine wissenschaftliche Revolution voraus. Galilei und Newton stehen für die experimentelle empirische Wissenschaft, die *Encyclopédie* von D'Alembert und Diderot steht für ihren systematischen Ansatz. Mit dem Buchdruck war ein ideales Medium für die Verbreitung von Wissenschaft und Philosophie geschaffen. Die internationale Gemeinschaft der Gelehrten stand in engem Kontakt miteinander und regte sich so gegenseitig an.

Andere Hochkulturen fanden jedoch nicht den Weg zur industriellen Revolution. In China und Indien hat sich keine systematische empirische Wissenschaft herausgebildet. Den Buchdruck kannten die Chinesen schon lange vor Europa. Internationalen Austausch und Anregung suchten sie in ihrer Jahrhunderte langen Isolation aber genauso wenig wie Japan. Die Interessen lagen wohl woanders. Was die «Humanität» anbelangt, so sind Menschenrechte, Demokratie und Rechtsstaat offensichtlich europäische Innovationen. Es war also eine ganz bestimmte kulturelle Entwicklung, die zu den gewaltigen Produktivitätssteigerungen der Neuzeit Anlass gab. Warum dies nun gerade in Europa stattfand, ist ein Problem der Kultur- und Mentalitätsgeschichte.

63. Woher kommt der Drang nach Neuem? Europa war innovativ. Zu forschen, zu entdecken, Neues auszuprobieren gehört seit dem Mittelalter zur europäischen Kultur. Schumpeter, der dem Phänomen nachging, illustriert das an der Geschichte der Malerei von Giotto über Masaccio und Michelangelo bis hin zu Ingres und Delacroix, Van Gogh und Picasso. Als Gegenbeispiel kann man das alte Ägypten oder die Ikonenmalerei anführen, bei der nur ein Spezialist die Neuerungen im Laufe von Jahrhunderten ausmachen kann. Auch in der chinesischen Kunst oder der islamischen Miniaturenmalerei scheint der Begriff «Fortschritt» fehl am Platz, und Tradition und Kontinuität spielen eine große Rolle. Spätestens seit der Galilei-Baconschen Wende betreibt Europa systematische experimentelle Wissenschaft auf empirischer Basis, ist das Erfinden und Entdecken ein zentraler kultureller Wert.

Für Max Weber (1864–1920) liegt die *differentia specifica* des europäischen Aufschwungs erstens in der Entwicklung des Bürgertums vor allem in der mittelalterlichen Stadt, zweitens in der Entwicklung des abendländischen Rationalismus, dabei vor allem im kapitalistischen Betrieb, im Rechtssystem und im bürokratischen Staat, und drittens in der Entwicklung der experimentellen Wissenschaft, wobei er ähnlich wie Schumpeter den Beginn des technischen Experimentierens in der Kunst der Renaissance sieht. Die industrielle Revolution hatte eine sehr lange Anlaufphase. Sie reicht mit der Entwicklung des kritischen Rationalismus, mit der Emanzipation des selbstverantwortlichen Individuums, mit dem Willen zur planmäßigen Eroberung und systematischen Beherrschung der Welt weit ins Mittelalter, wenn nicht bis in die Antike zurück.

In einer Kultur, in der Traditionen hochgehalten und Neuerungen verabscheut werden, richten sich die Ambitionen der aktiven Individuen kaum auf Innovation. Risikofreudige Unternehmer treffen wir nur dort an, wo das ein akzeptiertes Rollenmodell ist. Das war es nicht im Sozialismus. Das war es über Jahrhunderte nicht in Indien, wo das von Deepak Lal so genannte Hindu-Gleichgewicht kulturelle Stabilität und wirtschaftliche Stagnation produzierte.

Dem Durchsetzen von Innovationen können sich mächtige Interessengruppierungen entgegenstellen. Marx erzählt im ersten Band des *Kapital* die Geschichte der Bandmühle. Ihren Erfinder hatte der Danziger Stadtrat Ende des 16. Jahrhunderts angeblich ersticken oder ersäufen lassen, um die sozialen Folgen dieser technischen Neuerung zu verhindern. Der Danziger Stadtrat tat nur, was man von einer guten Regierung erwartet: die Interessen der Bevölkerung zu wahren, Werte, Vermögen und Rechte zu schützen. Die potentiellen Opfer von Strukturwandel und Innovation haben immer wieder von der Regierung Schutz verlangt: die Maschinenstürmer des frühen 19. Jahrhunderts, die schlesischen Weber und heute die Arbeiter von Opel. Je nach der Machtverteilung im Staat, aber auch nach der geistigen Grundstimmung sind solche Versuche erfolgreich oder zum Scheitern verurteilt.

64. Welchen Status genießen Unternehmer? Die islamischen, die indischen und die chinesischen Kaufleute waren hoch spezialisierte Virtuosen des Handels. Aber sie mussten ohne nennenswerte rechtsstaatliche Unterstützung auskommen und waren damit auf ihre persönlichen Beziehungen, häufig in religiösen oder Sippen-Verbänden, angewiesen. Die europäischen Kaufleute und später die industriellen Unternehmer schufen sich dagegen ein Recht und eine Administration, die ihnen einen sehr viel weiteren Handlungsrahmen eröffneten und größere Sicherheit boten.

Hierbei half ihnen, dass sie ein höheres gesellschaftliches Ansehen und damit auch politisches Gewicht genossen als ihre Kollegen im asiatischen Raum. Der Handel blieb in Asien eine spezialisierte Beschäftigung, deren Wertschätzung unter der des Soldatenberufs, der Verwaltungstätigkeit und, wie im chinesischen Fall, selbst der Landwirtschaft lag. «Allgemeine gesellschaftliche Verachtung für Händler ist eines der am besten belegten Themen der asiatischen Geschichte» schreibt der indische Wirtschaftshistoriker Chaudhuri. Sein Kollege Lal macht in Indien dafür das hinduistische Kastensystem verantwortlich, das sich zu Beginn unserer Zeitrechnung gegen die integrativen Gesellschaftsmodelle des Buddhismus und Jainismus durchsetzte. Letztere bildeten aber den spirituellen Hintergrund vieler Händler. So hatten die indischen Herrscher wenig Verständnis für die Denkweise und Werte der Kaufleute. Man vergleiche damit die Stellung der Bardi und der Medici oder der Fugger und Welser. Ein asiatischer Herrscher machte sich nicht mit einem Kaufmann gemein. Der König von Frankreich heiratete eine Tochter aus der Kaufmannsfamilie Medici.

Der Nobelpreisträger für Ökonomie des Jahres 1972 Sir John Hicks sprach von einem Gespür für Handel, das man dort antreffe, wo die Herrschenden selbst Kaufleute oder zumindest in unternehmerische Kreise eingebunden sind. Die italienischen Stadtstaaten des ausgehenden Mittelalters sind dafür Vorbild. Aber auch die niederländischen Städte waren kaum anderen als kommerziellen Interessen unterworfen. Als dann die Spanier in ihre Politik eingriffen, wanderte das Zentrum der Wirtschaftätigkeit von Flandern in die nördliche Republik, von Brügge, Gent und Antwerpen nach Amsterdam, Rotterdam und Haarlem. In England hat der politisch führende Adel relativ frühzeitig begonnen, in die modernen ökonomischen Entwicklungen zu investieren.

Deutschland blieb Nachzügler. Dafür sind verschiedene Gründe verantwortlich, zu denen sicher die Tatsache zu zählen ist, dass auch hier kommerzielle Tätigkeit bis tief ins 19. Jahrhundert hinein in geringem Ansehen stand. Dem Adel waren solche Beschäftigungen lange Zeit sogar untersagt. Er betätigte sich als Soldat oder in der Verwaltung. Das Bildungsbürgertum betrachtete die Gewerbetreibenden mit abschätziger Verachtung.

65. Haben Luther und Calvin den Geist des Kapitalismus aus der Flasche gelassen?

Max Weber veröffentlichte 1904–05 seinen berühmten Aufsatz *Die Protestantische Ethik und der «Geist» des Kapitalismus,* in dem er das Aufkommen des modernen Kapitalismus auf Änderungen in der Motivationsstruktur zurückführte, die in der Reformation begründet lagen. Damit bezog er eine Gegenposition zum historischen Materialismus von Marx: Zwar werde das Handeln der Menschen unmittelbar von materiellen und ideellen Interessen beherrscht. Aber die Interessen würden oft von Weltbildern und Ideen beeinflusst.

Die eigentliche Hypothese ist allerdings konkreter und bezieht sich auf die empirische Beobachtung, dass die Unternehmer wie auch die oberen Angestellten und gelernten Arbeiter der zu seiner Zeit modernen Unternehmen vorwiegend Protestanten sind. Weber führt den «Geist des Kapitalismus» auf die protestantische Ethik der innerweltlichen Askese, der Rationalität und der Disziplin zurück. Daraus folgen Arbeitsethos, Sparsamkeit, Weltzugewandtheit, Unternehmergeist. So ist die Wohlfahrt am Ende dort höher, wo die protestantische Religion vorherrscht. Ergänzt wird der «Geist des Kapitalismus» von Webers Annahme, dass der rationale und legale, der bürokratische Staat – im Gegensatz zum patrimonialen, feudalen, zuteilenden Staat – das wirtschaftliche Leben versachlicht und damit effizientes Wirtschaften ermöglicht.

Seit über 100 Jahren hat Webers Hypothese eine Fülle von theoretischen und empirischen Kommentaren und Kritiken hervorgerufen. Der Grundtenor ist skeptisch. Eine bahnbrechende neuere Untersuchung von Sascha Becker und Ludger Wößmann wird die Diskussion mit zwei zentralen Ergebnissen neu beleben. Erstens, Weber hatte durchaus recht: Die Religionszugehörigkeit hatte im Preußen des späten 19. Jahrhunderts ökonomische Folgen. Aber zweitens, Webers theoretische Erklärung ist falsch: Nicht eine in der protestantischen Ethik begründete Motivation, sondern die mit dem Protestantismus verbundene Bildungsrevolution bewirkte den konstatierten Unterschied in wirtschaftlicher Entwicklung.

Für Luther und Calvin musste jeder Christenmensch lesen können, um Gottes Wort, die Bibel, aufzunehmen. So setzte mit der Reformation ein Bildungsaufschwung ein, den die protestantischen Fürsten tatkräftig unterstützten. Die Bürger investierten in Bildung, und die Staaten schufen die dafür erforderliche Infrastruktur. Aus der Säkularisierung kirchlichen, vor allem klösterlichen Besitzes erwuchsen Schulen, Universitäten, Krankenhäuser, die den Bildungs- und Gesundheitsstand der Bevölkerung schlagartig veränderten. Die Weber-Hypothese lässt sich also mühelos in die Wachstumstheorie einbetten, in der, wie wir sahen, die Entwicklung des Humankapitals eine wichtige Rolle spielt.

66. Saß Indien im «Hindu-Gleichgewicht» fest? Max Weber hat seine religionssoziologische Erklärung des modernen Wirtschaftswachstums nicht nur auf das Christentum angewendet. Grundlegend ist für ihn ein Ost-West-Gegensatz. Die Denkart des Ostens hielt zu einer weltflüchtigen, passiven Versenkung an, die des Westens zu einer aktiven, von theoretischem und praktischem Rationalismus geprägten Lebensführung.

Wirtschaftswachstum schließt immer Innovation, Strukturwandel, Mobilität, institutionelle Veränderungen und damit auch Umverteilungen von Einkommen und Vermögen ein. Solche zuweilen radikalen Umwälzungen finden nur dann statt, wenn die herrschenden Eliten mitmachen, und das tun sie nur, wenn sie nicht erwarten müssen, schlechter gestellt zu werden. Sind die herrschenden Eliten stabil, dann bleibt auch das stationäre Gleichgewicht stabil. Umgekehrt argumentiert bedeutet das: Einschneidende institutionelle Änderungen setzen ein Aufbrechen der Machtgleichgewichte voraus, auch das ist eine Form von schöpferischer Zerstörung. Obwohl Indien häufig unter wechselnder Fremdherrschaft stand, waren seine hierarchischen Machstrukturen dank des hinduistischen Kastensystems extrem stabil.

Eine zweite Voraussetzung für Fortschritt ist die mentale Einstellung der Individuen. Eine Religion, die jeden Berufswechsel und jeden Wechsel der Arbeitstechnik bereits als Verstoß gegen das Ritualgesetz sanktioniert, bringt sicher nicht, so Weber, ökonomische und technische Umwälzungen hervor. So kommt es zu einem höchst stabilen Gleichgewicht, das Deepak Lal später Hindu-Gleichgewicht nannte. Nicht dass Indien immer ein vergleichsweise «unterentwickeltes» Land gewesen wäre, aber es war in diesem Gleichgewicht nicht in der Lage, die für Wachstum entscheidenden Faktoren zu entwickeln oder sich anzueignen. Innovation, Fortschritt, das ständige Suchen nach und Experimentieren mit Neuem in Kunst und Wissenschaft waren der indischen Gesellschaft fremd. Analphabetismus herrschte bis tief ins 20. Jahrhundert vor und ist bis heute ein Problem.

Der Literaturnobelpreisträger V. S. Naipaul schrieb dazu: «Der Hinduismus war für die Millionen nicht gerade gut. Er hat uns tausend Jahre Niederlagen und Stagnation beschert. Er vermittelte den Menschen keine Idee eines Gesellschaftsvertrages mit anderen Menschen, keine Idee des Staates. Er versklavte ein Viertel der Bevölkerung und hielt das Ganze fragmentiert und verwundbar. Seine Philosophie des Rückzugs hat die Menschen intellektuell verkümmern lassen und nicht in Stand gesetzt, Herausforderungen anzunehmen. Wachstum hat er unterbunden. So wiederholte sich Indiens Geschichte immer wieder: Wehrlosigkeit, Niederlage, Rückzug».

67. Sozialkapital – was ist denn das?   Der Begriff Humankapital scheint schon eine Zumutung zu sein – und jetzt noch Sozialkapital? Einige Ökonomen sprechen sogar von spirituellem Kapital oder Religionskapital. Was ist in sie gefahren? Das Problem liegt nicht so sehr in den Phänomenen, um die es dabei geht, als vielmehr im Kapitalbegriff. Er hat unterschiedliche Bedeutungen und in einigen davon einen etwas anrüchigen Beigeschmack. Wenn wir unter Kapital Güter verstehen, die für die Produktion anderer Güter hergestellt und nicht unmittelbar aufgebraucht werden, dann sind zwei Eigenschaften elementar: die Produktivität des Kapitals und die Dauer seiner Effektivität. Die Begriffe Humankapital und Sozialkapital unterstellen, dass es neben Gebäuden und Maschinen auch immaterielle Produktionsfaktoren gibt, die mit einigen Mühen und Kosten aufgebaut werden müssen und die die gesellschaftliche Produktivität über die Zeit beeinflussen.

Und worum geht es nun konkret bei Sozialkapital? Es geht praktisch um alle Institutionen, die nicht formell und öffentlicher Natur sind. Nichtöffentliche Institutionen werden wichtig, wenn die staatliche Organisation einer Gesellschaft unzureichend oder nicht effektiv ist. Und das ist sie ja überall nur sehr bedingt. Denn trotz der schönsten Gesetze wird gemordet, gestohlen, betrogen, werden Steuern hinterzogen, Verträge gebrochen usw. Eine Gesellschaft, in der eine herrschende «Moral» all das durchgreifend verhinderte, könnte viel Geld sparen und die Rechtsanwälte arbeitslos machen.

Wie lässt sich erreichen, dass die Leute Vereinbarungen einhalten, ohne dass der Staat sofort mit seinem Monopol legitimer Gewaltanwendung droht? Es gibt Vereinbarungen, die sich von selbst durchsetzen, weil sie beiden Partnern unmittelbar Vorteile bieten. Doch häufig gerät einer der Partner in Versuchung, durch opportunistisches Verhalten die Vorteile ganz auf seine Seite zu ziehen. Das gilt es zu verhindern. Gegenüber Menschen, zu denen man eine persönliche Bindung hat, wird man sich fairer verhalten als gegenüber Fremden. Persönliche Bindungen entstehen auf vielerlei Weise: in Familien,

Sippen, Dorfgemeinschaften, Klubgemeinschaften, Aktionsgruppen. Soziale Netzwerke schaffen Vertrauen und Verantwortungsgefühl. Sie wirken sich positiv auf die gesellschaftliche Produktion aus, da sie Risiken vermindern und Kosten senken. Empirische Untersuchungen deuten darauf hin, dass Gesellschaften mit einer höheren Dichte an Sozialkapital auch eine höhere Wohlfahrt aufweisen.

Zu den ältesten Formen der Bindung gehört die Religion (schließlich heißt lateinisch *religio* Bindung). Für Religionsgläubige ist ein normkonformes, ein «frommes» Verhalten Lebensinhalt. Wer weniger fest im Glauben ist, hat bei Abweichungen mit zahlreichen Sanktionen zu rechnen, die mit Fegefeuer und Hölle bis ins nächste Leben reichen können. Am stärksten ist die religiöse Bindung dort, wo persönliche Beziehungen auftreten, in den Gemeinden also. Die christlichen Kirchen oder die islamische *umma*, die Weltgemeinschaft der Muslime, sprengen diesen engen Rahmen. Die Bindung findet nicht mehr über persönliche Kontakte, sondern über den von allen geteilten Glauben und das daraus folgende Wertesystem statt. Damit sind diesem Ordnungselement Grenzen gesetzt.

68. Ersetzt Sozialkapital gute Regierung? Sozialkapital ist also das Wirkungspotential der gesellschaftlichen Verflechtung unterhalb der staatlichen Ebene bzw. in dem Bereich, der auch Zivilgesellschaft genannt wird. Seine produktive Leistung ist die Koordination von individuellem Verhalten. Sie findet einerseits nicht auf dem asozialen Markt statt, wo isolierte Individuen nur über Preise kommunizieren. Andererseits findet sie auch nicht in einer überorganisierten Hierarchie statt, die den Individuen nur ein Minimum an Freiheit gestattet. Natürlich können diese Netzwerke weder Markt noch Hierarchie völlig ersetzen, genau so wenig wie sie die formellen öffentlichen Institutionen, also den Rechtsstaat, ersetzen können.

Wie wir schon gesehen haben, ist es ja einer der großen Vorteile des Rechtsstaates, die Beschränktheit privater Ordnungen zu überwinden und große Handlungsräume zu schaffen, in denen sich alle Bürger in verhältnismäßiger Sicherheit und gleichberechtigt betätigen können. Im Gegensatz dazu ist jedes einzelne Netzwerk exklusiv. Nicht jeder Klub steht allen offen. Das birgt die Gefahr, dass Güter und Positionen über «Beziehungen» statt über den Markt zugeteilt werden. Dadurch würden möglicherweise geeignetere Kandidaten ausgeschlossen, was sich am Ende auf die gesellschaftliche Produktivität nachteilig auswirkt.

Es ist also keineswegs so, dass das einzelne Netzwerk immer einen positiven Beitrag leistet. Vielmehr ist es die Dichte der Netzwerke, die vor allem dann, wenn sie sich überschneiden, die Exklusivität überwinden und eine kooperative Grundstimmung vermitteln: Ich kann doch nicht den Freund meines Freundes betrügen. Netzwerke, die sich nicht überschneiden, fragmentieren die Gesellschaft und schwächen deren Wohlfahrt. Das indische Kastenwesen ist ein gutes Beispiel.

Ein Merkmal guter Regierung und damit eines positiven, produktiven gesellschaftlichen Gleichgewichts ist der Respekt, den Bürger und Verwaltung den Institutionen entgegenbringen, die ihr soziales Leben regeln. Kooperatives Verhalten bedeutet in diesem Zusammenhang, dem Kaiser zu geben, was des Kaisers ist, während der gute Kaiser den Staat nicht zu seinem persönlichen Vorteil ausbeutet. Auch wenn der Staat – zumindest in einer Demokratie – eine gemeinschaftliche Organisation der Bürger zur Erhöhung der allgemeinen Wohlfahrt ist, sieht das nicht jeder so. Der Respekt vor den gemeinschaftlichen Institutionen, eine staatsbürgerliche Gesinnung wird einerseits durch Partizipation gefördert, andererseits durch Vergemeinschaftung, also ein dichtes Sozialkapital. Hier treffen sich Zivilgesellschaft und gute Regierung.

69. Lässt sich das «Needham-Rätsel» lösen? Joseph Needham (1900–1995) war ein britischer Biochemiker und Sinologe, der in jahrzehntelanger Arbeit den Westen mit der wissenschaftlichen und technischen Tradition des alten Chinas vertraut gemacht hat. Sein Rätsel besteht darin, dass China in der Song-Periode (10. bis 13. Jahrhundert) technisch entwickelter und ökonomisch produktiver war als der Westen, auf diesem Niveau dann jedoch über Jahrhunderte verharrte. China verfügte früher als Europa über zahlreiche Erfindungen, unter denen Schiffskompass, Schießpulver, Buchdruck und Papiergeld immer wieder herausgestellt werden.

Diese erstaunlichen technischen und wissenschaftlichen Entwicklungen haben am Ende aber weder zu einer systematischen wissenschaftlichen noch zu einer nachhaltigen wirtschaftlichen Entwicklung Chinas geführt. Eine industrielle Revolution fand dort nicht statt. Genau so war es mit den Entdeckungen. Die Chinesen gingen fast zur gleichen Zeit wie die Europäer im 15. Jahrhundert auf Entdeckungsreisen und drangen bis an die Ostküste Afrikas und in den Persischen Golf vor. Aber nur die europäischen Unternehmer haben daraus einen kommerziellen Erfolg gemacht. Dass dieser Erfolg für die entdeckten Völker nicht immer ein Segen war, steht auf einem anderen Blatt.

Der chinesische Ökonom Justin Lin bietet für das Rätsel eine Reihe von Erklärungen an, die zum Teil auch bei anderen Autoren anzutreffen sind. China hatte keine ebenbürtigen Nachbarn (vielleicht mit Ausnahme Japans, doch diese Beziehungen blieben schwach). Es wurde absolutistisch von einer Zentralmacht regiert, deren einheitliches ideologisches System keine öffentliche Diskussion erlaubte. Dadurch gab es keinen internationalen Wettbewerb wie im europäischen Staatensystem und keinen ideologischen und institutionellen Wettbewerb wie im europäischen Mittelalter zwischen Kirche und Staat. Beide Formen des Wettbewerbs haben Europa vorangetrieben, z. B. über die Herausbildung des Rechtssystems und die Gründung von Universitäten.

Das traditionelle China war ein konfuzianischer und ein «physiokratischer» Staat. Die Physiokraten, die erste ökonomische «Schule» im Frankreich des 18. Jahrhunderts, hielten die Landwirtschaft für den einzig produktiven Sektor. In China war die Landwirtschaft die produktive Basis und die Kaufleute der niedrigste soziale Stand. Kurzum: Geschlossenheit nach innen und Isolierung nach außen schufen ein sehr stabiles Gleichgewicht. Der chinesische Staat wurde von Bürokraten regiert, aber das waren keine Juristen, sondern Literaten. Der Eintritt in den Beamtenstand war das höchste Ziel sozialer Mobilität. Die Beamtenprüfung, seit der Song Dynastie (960–1275) obligatorisch, erforderte das Auswendiglernen der konfuzianischen Klassiker, insgesamt 431 286 Schriftzeichen, was rund sechs Jahre in Anspruch nahm. Danach war eine noch umfangreichere Sekundärliteratur und schöngeistige Literatur zu verarbeiten, um die Prüfungsklausuren und Prüfungsgedichte schreiben zu können.

Auch hier, wie in Indien, gewinnen wir den Eindruck, dass die Aufrechterhaltung eines altehrwürdigen Gleichgewichts einen sehr viel höheren Stellenwert in der Werthierarchie der Gesellschaft besaß als schöpferische Zerstörung: Tradition galt mehr als Fortschritt.

70. Gibt es eine islamische Ökonomie? Auf Deutsch ist diese Frage zweideutig, da «Ökonomie» sowohl die Wirtschaft (engl. *economy*) als auch die Wirtschaftswissenschaft (engl. *economics*) bedeuten kann. Im ersten Fall wird die Antwort «ja» lauten. Denn es gibt durchaus normative Vorstellungen von einer islamischen Wirtschaftsordnung. Im zweiten Fall ist wohl eher mit «nein» zu antworten. Denn als positive Wissenschaft von den individuellen und sozialen Wahlhandlungen beansprucht die Ökonomie universelle Gültigkeit.

In islamischen Gesellschaften steht die Wirtschaftsordnung unter dem Einfluss des Korans. Denn es ist leicht einzusehen, dass eine Religion, die die gesamte Lebensführung der Menschen erfassen will, auch den Rahmen für wirtschaftliches Verhalten nicht der freien Ausgestaltung überlässt. Vor allem drei Institutionen werden herausgestellt: das Zinsverbot, das Almosengebot und ein Normensystem, das aus dem eigennützigen *homo oeconomicus* einen sozial verantwortlichen und fairen Geschäftspartner machen soll. Ähnliche Vorstellungen herrschten übrigens auch im europäischen Mittelalter und leben, abgesehen vom Zinsverbot, auch in der heutigen christlichen Soziallehre fort.

Inwieweit nun das Zinsverbot wirtschaftliche Entwicklung behindert, hängt von seiner Ausgestaltung und von den Umgehungsstrategien ab. Schon das europäische Mittelalter hatte zum Beispiel mit dem Wechsel eine kreative Lösung gefunden. Das Almosengebot (*zakat*) kann als Ersatz für ein staatliches Sozialsystem betrachtet werden und trifft angeblich auf weniger Widerstand als eine staatliche Steuer: Der Religionsgemeinschaft dient man lieber als dem Staat. Hinzu kommt, dass der moderne bürokratische Staat in der islamischen Welt ein relativ junges Phänomen ist. Hier wie überall haben Normen für faires und verantwortungsvolles Verhalten das Problem, sich durchzusetzen. Korruption zum Beispiel ist in islamischen Staaten an der Tagesordnung. Doch es wäre sicher nicht angemessen, das niedrige Entwicklungsniveau, das für die meisten islamischen Gesellschaften charakteristisch ist, diesen Elementen der Wirtschaftsordnung zuzurechnen.

Arm und Reich

71. Wie arm sind arme Länder? In grauer Vorzeit – und noch im Mittelalter – waren wir alle arm: Das Leben war kurz, die Kindersterblichkeit hoch, das Essen zu bestimmten Jahreszeiten knapp, die Behausung unwirtlich. Häufig suchten Krankheiten die Menschen heim, sie lebten – ein paar Reiche ausgenommen – auf dem Subsistenzniveau. Die armen Länder von heute sind so arm geblieben oder, sollten sie in der Zwischenzeit einmal etwas reicher gewesen sein, wieder so arm geworden. Beide Fälle gibt es. Im 12. Jahrhundert war China, wie wir schon sehen konnten, entwickelter als Westeuropa, doch zur Mitte des 20. Jahrhunderts reichte es dort nur knapp zum Überleben. Zahlreiche Länder Afrikas sind aus dieser kümmerlichen Lage nie herausgekommen.

Armut kann absolut gemessen werden: Das Überleben ist gefährdet. Sie kann aber auch relativ gemessen werden: Ein sozial definierter Mindeststatus ist gefährdet. In unseren europäischen Wohlfahrtsstaaten wird als arm betrachtet, wem weniger als 60 % des Durchschnittseinkommens zur Verfügung stehen. Übertragen wir diesen Armutsbegriff auf den Vergleich verschiedener Länder: Nach den Daten von Maddison gab es bis zum Beginn des 19. Jahrhunderts, d. h. bis zum Beginn des modernen Wirtschaftswachstums, in diesem Sinne keine armen Länder. Es gab reiche Länder um 1820, eben Westeuropa und die USA. Aber unterhalb von 60 % des durchschnittlichen Weltniveaus lagen weder China und Indien noch die meisten Länder Afrikas. 1973, nach 150 Jahren modernen Wirtschaftswachstums, waren die Mehrzahl der Länder Ostasiens, Südasiens, Afrikas und einige Länder Lateinamerikas, und damit rund 60 % der Menschheit, nach dieser Definition arm.

In den letzten 35 Jahren hat sich in vielen Ländern die Lage verbessert. Sie werden unter dem Begriff «Schwellenländer» zusammengefasst, womit man andeutet, dass sie die Schwelle zwischen armem und mittlerem Einkommen fast erreicht bzw. überschritten haben und dass sie als Produzenten und Konsumenten im internationalen Wettbewerb mitspielen. China ist der spektakulärste Fall. Indonesien, Brasilien und Mexiko sind ebenfalls zu nennen.

Diesen Erfolgen stehen aber immer noch zahlreiche Länder gegenüber, die nicht vorankommen und nach wie vor arm geblieben sind. Extremfälle sind Haiti, Bangladesch und fast ausnahmslos die Länder Afrikas südlich der Sahara. Hier herrscht regelmäßig Hungersnot, die Menschen haben kein Dach überm Kopf, Krankheiten sind endemisch, die Lebenserwartung ist niedrig. Hier fehlt es aber auch an all den Einrichtungen, die ein Mindestniveau an Wohlstand fördern und sichern: Verwaltung, Bildung, Gesundheit und ein politisches System, das nicht ausschließlich der Bereicherung der Regierenden dient.

72. Warum gibt es arme Länder? Es wäre zynisch und wenig hilfreich zu antworten: Weil sie nicht reich geworden sind. Die Frage lautet aber nicht: Wie kam es, dass die Reichen reich wurden und die anderen nicht? Denn um nicht arm zu sein, sondern ein mittleres Einkommen zu haben, bedarf es nicht der Produktivität der führenden Länder. 60 % des rumänischen oder des türkischen Bruttoinlandsprodukts pro Kopf würden für Bangladesch und Ghana genügen, um die Ränge der Armen zu verlassen. Die Frage lautet also: Warum schaffen es weder die afrikanischen Länder südlich der Sahara, noch Bolivien, Kuba und Nicaragua, noch Irak, Bangladesch und Pakistan, sich dem Produktivitätsniveau von Rumänien oder der Türkei, den ärmsten Ländern in Europa, auch nur halbwegs anzunähern?

Wenn wir jetzt feststellen, dass es in den armen Ländern so ziemlich an allen Wachstumsfaktoren fehlt, an Kapital, Bildung, Gesundheit, Rechtssicherheit, Spielraum für Unternehmertum, dann wiederholen wir nur den alten Satz, die Armut komme von der *poverté*. Es ist zwar richtig, dass die armen Länder in tropischen und subtropischen Breiten liegen und dass fast alle Opfer kolonialer Ausbeutung gewesen sind. Aber als Erklärung scheiden diese Faktoren aus. Denn jene Länder haben in ihrer engeren oder weiteren Umgebung Nachbarn, die sehr wohl das mittlere Niveau erreichen.

Woran es den armen Ländern vor allem fehlt, sind interne und externe Stabilität und gute Regierung. Übermäßige Korruption, unkontrollierte Macht, Vereinnahmung des Staates durch private Interessen, ineffektive Verwaltung, mangelnde Rechtsstaatlichkeit, eine zerrüttete Geldordnung – das sind Eigenschaften, die längerfristiges wirtschaftliches Engagement und einen geregelten Warenverkehr unmöglich machen. Darüber hinaus haben viele der armen Länder eine Periode des Experimentierens mit Varianten sozialistischer Planwirtschaft hinter sich, die dort noch weniger erfolgreich waren als in Osteuropa.

Die reichere entwickelte Welt hat erst spät gelernt, dass ein wirtschaftlicher Aufschwung der armen Länder nicht allein durch externe Wirtschaftshilfe herbeigeführt werden kann, sondern die Lösung der internen politischen Probleme voraussetzt. Diese Lösung durch einen wohlgemeinten Krieg zu erzwingen wie im Fall des Irak, darf man allerdings als gescheiterten Versuch ansehen.

73. Verhindert die Geographie das Reichwerden? Europa ist reich, Afrika arm. Nordamerikas Wohlfahrt übertrifft die südamerikanische erheblich. Die in der OECD versammelten Industriestaaten der Welt sind alle in gemäßigten Breiten angesiedelt. Drängt sich da nicht die Vermutung auf, dass Umweltfaktoren, dass die Geographie Einfluss auf die Wohlfahrt der Nationen haben?

Jared Diamond ist in seinem spannenden Buch *Arm und Reich. Die Schicksale menschlicher Gesellschaften* dieser Hypothese nachgegangen. Er kommt zu dem Ergebnis, dass die Agrikultur sich deshalb vor 10 000 Jahren in Vorderasien und in China entwickelt hat, weil das biologische Ausgangsmaterial zur Domestizierung von Nutzpflanzen und Haustieren dort besonders reichhaltig vorhanden war. Die Inkas, Mayas und Azteken hatten keine Hühner, Schafe, Schweine, Rinder und Pferde, weil in ihrer Umgebung die passenden Wildformen fehlten. Aus Mangel an Zugtieren, so heißt es, nutzten sie dann auch nicht das Rad. Schon die Geschichte mit dem Rad wirft Fragen auf. Denn in Bangkok oder Delhi kann man noch heute sehen, dass der Mensch ein brauchbares Zugtier ist.

Die erfolgreichen europäischen Siedlerkolonien konzentrierten sich auf Nordamerika, Australien und Neuseeland. Das hat klimatische Ursachen: Hier überlebte man auch ohne moderne Medizin. Dies waren gleichzeitig extrem dünn besiedelten Räume, die einer Immigration wenig Widerstand entgegensetzten. In den mehr tropischen und dichter bevölkerten Regionen beschränkten sich die Europäer auf koloniale Ausbeutung. Das hatte Folgen für die dortige Entwicklung. Die Siedlerkolonien erlaubten die Übernahme und Weiterentwicklung der europäischen Institutionen und sie übernahmen die europäische Kultur. Die extraktiven Kolonien erhielten nur das fürs Geschäft Notwendige. Im Übrigen blieben die einheimischen Institutionen und die Kultur bestehen. Der Gegensatz erhielt sich über Jahrhunderte und überdauerte auch das Ende des Kolonialismus.

Ein weiteres geographisches Argument hebt die Transportkosten hervor: Vor Einführung der Eisenbahn hatten küstennahe Regionen eindeutig Wettbewerbsvorteile. Das manchmal angeführte Gegenbeispiel der Schweiz kann nicht überzeugen. Denn die Schweiz war in der vormodernen Periode bitterarm, und viele Schweizer mussten ihr Brot in der Ferne verdienen, als Schweizer Garden oder als «Schweizer», d. h. als Melker in der Viehwirtschaft.

Was auch immer die Einflüsse von Geographie und Umwelt in der Vergangenheit gewesen sein mögen, die Verringerung der Transport- und Kommunikationskosten, die nach der industriellen Revolution in rasantem Tempo stattfand, hat eventuelle Nachteile weitgehend beseitigt. Bis zur industriellen Revolution waren die internationalen Unterschiede zwischen Arm und Reich aber verhältnismäßig gering. Die große Divergenz fand im 19. und 20. Jahrhundert statt. Will man dafür die Geographie verantwortlich machen, dann muss man zeigen, dass die europäische Zivilisation, die zur industriellen Revolution geführt hat, sich aus geographischen Gründen nur dort und in den europäischen Siedlerkolonien entfalten konnte, aber nicht in Japan, China, Indien oder Mittelamerika. Das scheint wenig plausibel. Die Tatsache, dass diese Hochkulturen die kapitalistische Wirtschaftsweise erst mit erheblicher Verzögerung, dann aber mit Erfolg eingeführt haben, lässt sich kaum geographisch, sicher aber historisch erklären.

74. Ist Rohstoffreichtum ein Segen oder ein Fluch? Rohstoffe sind Gaben der Natur. Es bedarf nur etwas Arbeit und Kapital, und der Mensch kommt in den Genuss dieser Gaben. Ganz offensichtlich trägt Rohstoffreichtum zum Wohlstand einer Nation bei. Der Satz ist auch umkehrbar: Rohstoffarme Länder müssen benachteiligt sein, ihnen mangelt es an Wasser, an fruchtbaren Böden oder an Bodenschätzen.

Betrachten wir jedoch die Liste der armen und reichen Ländern, so finden wir unter den armen zahlreiche von der Natur begünstigte Länder, vor allem in Afrika, und unter den reichen viele Länder ohne besondere natürliche Vorzüge, vor allem in der Europäischen Union und Japan. Der Widerspruch ist so eklatant, dass von «Ressourcenfluch» und vom «Paradox des Reichtums» gesprochen wird. Ganz offensichtlich bedarf es etwas mehr als nur Arbeit und Kapital, um die Gaben der Natur zur allgemeinen Wohlfahrt zu nutzen. Wo liegen die Gefahren?

Als erstes diagnostizierte man die so genannte holländische Krankheit. Ein ertragreicher und exportintensiver Rohstoffsektor, im holländischen Fall der Gassektor, lässt die Löhne und den Devisenkurs der Währung steigen, wodurch die Wettbewerbsfähigkeit der übrigen handelbaren Güter, das ist vor allem die einheimische Industrieproduktion, abnimmt. Weniger entwickelte Länder werden noch härter getroffen. Dort konzentrieren sich die knappen Investitionsmittel gänzlich auf den Rohstoffsektor, und es entwickeln sich erst gar keine anderen Industrien. Abhängigkeit von natürlichen Ressourcen macht ein Land darüber hinaus anfällig für externe Schocks. Denn Absatz und Preisentwicklung von Kupfer, Kaffee oder Erdöl schwanken erheblich. In der jüngsten Wirtschaftskrise ist der Ölpreis innerhalb von wenigen Monaten von über 150 $ auf unter 50 $ gefallen.

Rohstoffreichtum und die damit einhergehenden Deviseneinnahmen verleiten außerdem häufig zu unvernünftiger Wirtschaftspolitik. Der Staat kann sich vieles leisten – Prestigeprojekte, einen überdimensionierten Staatssektor und eben die Vernachlässigung anderer Sektoren. Rohstoffarme Länder dagegen müssen auf ihre internationale Wettbewerbsfähigkeit achten, um die Mittel zu erwirtschaften, mit denen sie ihre Getreide-, Erz-, Gas- oder Ölrechnungen bezahlen. Japan und Russland sind typische Beispiele für den Unterschied. Japan ist von der Natur wenig begünstigt, Russland eines der rohstoffreichsten Länder. In den 60er Jahren des 19. Jahrhunderts fingen beide gleichzeitig an, sich zu industrialisieren. Im Jahr 2005 betrug das Bruttoinlandsprodukt pro Kopf (gerechnet zu Kaufkraftparitäten) in Russland 11 900 $ und in Japan 30 300 $. Russland handelt nach wie vor mit seinen Bodenschätzen, Japan mit den Produkten seiner Industrie – und «Industrie» heißt auf Deutsch «Fleiß».

Die eigentliche Tragödie des Rohstoffreichtums sehen wir jedoch in den afrikanischen Ländern südlich der Sahara. Hier führt der natürliche Reichtum zu schlechter Regierung und blanker Gewalt. Die hohen Profite, die die Gewinnung und Vermarktung der Ressourcen versprechen, haben die meisten politischen Systeme korrumpiert. Private Einvernahme des Staates, Familien- und Klientelwirtschaft, Rechtlosigkeit, Korruption, Diktatur sind an der Tagesordnung. Und wer einen Zugriff auf die Quellen des Reichtums nicht mit politischen Mitteln erhalten kann, greift zur Gewalt.

75. Haben die Kolonien unsere Industrialisierung finanziert? Eine Reihe von Wirtschaftshistorikern ist der Ansicht, das Produktivitätsniveau sei zu Beginn des 18. Jahrhunderts in Europa, China und Indien ungefähr gleich gewesen. Erst danach habe sich die Entwicklungsschere geöffnet. Sucht man dann nach einer Erklärung für das Auseinanderdriften von Arm und Reich, bietet sich der Kolonialismus geradezu an: *post hoc ergo propter hoc*. Die europäischen Staaten hätten sicherlich nicht über 450 Jahre Kolonialismus betrieben, ohne einen klaren Vorteil daraus zu ziehen. Andererseits hatten sie kein Interesse an der intellektuellen, politischen und wirtschaftlichen Entwicklung ihrer Kolonialvölker – von den rein europäisch besiedelten Territorien abgesehen. Das Pro-Kopf-Einkommen ist in Indien von 1820 bis 1950 nur unwesentlich gestiegen. 1947 hinterließen die Engländer dort eine Bevölkerung von fast 90 % Analphabeten.

Doch wie konnten die Kolonien die wirtschaftliche Entwicklung in Europa anschieben? Jede Wirtschaftsmetropole braucht ein Umland, aus dem sie Rohstoffe und Nahrungsmittel bezieht und in das sie ihre Produkte absetzt. Die Florentiner Textilunternehmer des 14. Jahrhunderts bezogen ihre Wolle aus Spanien. Flandern und Holland produzierten im 16. und 17. Jahrhundert ihre Tuche aus englischer Wolle und schafften Getreide und Holz aus dem Ostseeraum heran. Die englische Textilindustrie des 19. Jahrhunderts war auf amerikanische und ägyptische Baumwolle angewiesen. All das lässt sich als normaler internationaler Handel betrachten. Aber hätte der spektakuläre wirtschaftliche Aufschwung in Europa ohne den Handel und die kolonialen Landgewinne jenseits der Meere stattfinden können?

Als Rohstofflieferanten wurden die Kolonien verhältnismäßig spät herangezogen. Das lag natürlich auch an den hohen Transportkosten für so genannte Massengüter, die erst durch die Einführung der Dampfschifffahrt gesenkt werden konnten. In den ersten Jahrhunderten des Kolonialismus konzentrierte sich der Verkehr auf Gold und Silber, auf Luxusgüter wie Gewürze, Tee und Porzellan (engl. *china*), und auf Sklaven. Der Sklavenhandel machte die Sklavenhändler in Nantes und Liverpool reich, mehr aber wohl nicht. Das spanische Silber und Gold löste im 16. Jahrhundert eine säkulare Inflation aus, die wirtschaftliche Entwicklung auf der iberischen Halbinsel wurde kaum stimuliert. Die Holländer verstanden, aus dem Kolonialhandel hohe Profite zu erwirtschaften, die sie im

17. Jahrhundert zum wichtigsten Kreditgeber in Europa machten. In England klagte man im 17. und 18. Jahrhundert darüber, dass der Ostasienhandel Gold und Silber aus dem Land abziehe. Denn die Handelspartner im Osten wollten keine englischen Waren, sondern Bargeld, was damals Gold und Silber bedeutete. Das heißt nicht, dass die *East India Company* keinen Gewinn gemacht hätte, sondern nur, dass die monetäre Basis des Landes unter Druck geriet, was einen industriellen Aufschwung nicht gerade unterstützt.

Die Kolonien warfen private Gewinne ab, die in den Wirtschaftskreislauf der Mutterländer eingingen. Aber sie verursachten auch erhebliche öffentliche Kosten, denn sie mussten erobert und verteidigt werden. England wie Frankreich wussten davon ein Lied zu singen. Schon Marx fragte sich, ob die Bilanz wirklich positiv ausfalle. Die für die Industrialisierung erforderlichen Ersparnisse konnten in England intern aufgebracht werden. Die Energieträger, vor allem Kohle, waren damals, im Unterschied zu heute, in Europa selbst vorhanden. Und dass erst der westindische Zucker die notwendigen Kalorien für die wachsende Arbeiterschaft bereitstellte, wie Kenneth Pomeranz meint, ist wenig plausibel: Die Entwicklung des Rübenzuckers auf dem alten Kontinent zeigt, dass es auch ohne die Kolonialimporte ging.

76. Warum gerade Europa? Diese Frage schwang schon in vielen anderen Antworten im Unterton mit. Deshalb soll sie hier explizit gestellt werden. Vor 1000 Jahren wäre ein Zukunftsforscher mit einiger Kenntnis der Kulturen der Welt wohl kaum auf die Vorhersage verfallen, dass die Völker Europas, gerade nicht mehr zu den Barbaren zählend, Träger des künftigen wissenschaftlichen und wirtschaftlichen Fortschritts sein würden. Selbst vor 500 Jahren wäre das noch eine gewagte Prognose gewesen, obwohl sich der Beschleunigungs- und Divergenzprozess bereits abzeichnete.

Europa ist kein natürlicher Kandidat für die ökonomische Führungsrolle, auch wenn das immer wieder behauptet worden ist. Es waren nicht die Häfen, die den Handel stimulierten, sondern der Handel hat die Häfen zu Wirtschaftszentren gemacht. Es war nicht die Kohle, die zur Erfindung der Dampfmaschine anregte, sondern die Dampfmaschine fand in der Kohle den geeigneten Energieträger. Es war nicht die Topographie des europäischen Kontinents, die den Wettbewerb der Nationen hervorbrachte, sonst hätte zum Beispiel die indische Geschichte ähnlich verlaufen müssen.

Alexis de Tocqueville (1805–1859), einer der Begründer der Politikwissenschaft, hat sich schon 1835 mit der Frage beschäftigt, was England den Vorsprung in der wirtschaftlichen Entwicklung verschaffte. Seine Antwort bedarf keines Kommentars: «Wollen Sie wissen, ob ein Volk produktiv und unternehmend ist? Forschen Sie nicht nach seinen Häfen, untersuchen Sie nicht seine Wälder und was sein Boden hergibt. All das erwirbt man mit Unternehmungsgeist, und ohne Unternehmungsgeist bleibt es nutzlos. Achten Sie darauf, ob die Landesgesetze den Menschen den Willen zugestehen, nach Wohlstand zu streben, die Freiheit, danach zu suchen, die Bildung und die Praxis, ihn zu entdecken, und die Sicherheit, ihn zu genießen, wenn man ihn gefunden hat».

Wir haben bereits zahlreiche Elemente kennen gelernt, die zu Wachstum und Wohlstand beitragen: Wissenschaft und Kultur, Bildung und Offenheit dem Neuen gegenüber, Recht und Ordnung, Stabilität und gute Regierung, Vertrauen und Solidarität. All das entwickelt sich in einem zusammenhängenden historischen Prozess. Das heißt, wir können nicht angeben, was Ursache und was Wirkung ist. Ist Demokratie Folge des Wohlstands oder Wohlstand Folge der Demokratie? Wir können nur feststellen, dass am Ende die meisten reichen Länder Demokratien sind.

Nachdem Europa einmal die Führung übernommen hatte, weil zahlreiche der positiven Faktoren zusammentrafen und sich gegenseitig verstärkten, war Divergenz eine normale Folge. Im Kleinen sehen wir das innerhalb Europas: erst Italien, dann die Niederlande, dann England, und mit einer gewissen Zeitverzögerung zieht der Rest nach. Das Gleiche findet auch im globalen Maßstab statt: erst Europa, dann Nordamerika, dann Japan, dann China und Indien. Das Problem der großen Divergenz ist das Ausmaß der Zeitverzögerung. Hier wird man feststellen, dass kulturelle, institutionelle und politische Eigenheiten erst aus dem Weg geräumt werden mussten, bevor die nachholende Entwicklung in Gang kommen konnte. Innerhalb Europas lag eine höhere Homogenität vor, so dass sich die jeweils Führenden nie allzu weit vom Rest entfernten.

77. Was hat es mit dem märchenhaften Reichtum des Orients auf sich? Der sprichwörtlich märchenhafte Reichtum des Orients hat die Europäer zu allen Zeiten geblendet. Die Höfe des Kalifen zu Bagdad, des Schahs zu Isfahan, des Großmoguls zu Agra, des Kaisers von

China zu Peking, des Sultans zu Istanbul waren Horte sagenhafter Schätze, unvorstellbaren Luxus', Zentren hoch entwickelten Handwerks und der Kunst. Sie herrschten über Riesenreiche, kommandierten Armeen, die in die Hunderttausende gingen. Ludwig XIV. oder August der Starke nahmen sich dagegen wie arme Schlucker aus.

Unter dem Eindruck der hohen orientalischen Kultur vertreten eine Reihe von Historikern die Meinung, die allgemeine Wohlfahrt habe vor der industriellen Revolution in den asiatischen Großreichen ungefähr auf dem gleichen Niveau befunden wie z. B. in Frankreich oder in Sachsen. Wir sahen jedoch bereits, dass sich die Schere zwischen Ost und West schon früher geöffnet hatte. Dennoch bleibt die Frage: Wie verträgt sich der märchenhafte Reichtum mit ökonomischer Stagnation?

Der Begriff «Horte sagenhafter Schätze» drückt schon die ökonomische Problematik dieses Reichtums aus. Denn gehorteter Reichtum ist totes Kapital bzw. überhaupt kein Kapital. Von der monetären Seite her wird Kapital als Geld für Investitionszwecke definiert. Bleiben Gold und Edelsteine aber in der Schatzkiste, dann werden sie nicht «verwertet», wie Marx das nannte. Sie tragen nichts zur Produktion von Wohlfahrt bei. Wenn die Herrscher in ihre Schatzkisten griffen, dann taten sie es, um ihren Luxuskonsum, vor allem aber um ihre Soldaten zu bezahlen. Ludwig XIV. machte das nicht anders, und er hat Frankreich bekanntlich ruiniert.

Halten wir das Modell des calvinistischen Kaufmanns dagegen, dann wird der Unterschied deutlich. Mit Soldaten hat er möglichst nichts zu schaffen. Seine Religion verbietet ihm jeglichen Luxus, nicht aber die Anhäufung von Reichtum. Den muss er allerdings wieder ins Geschäft stecken, er darf ihn nicht als Gold oder Geld horten: Er akkumuliert Kapital. Der Reichtum des Orients muss dagegen vom Volk auf immer gleiche Weise produziert werden, d. h. die Überschüsse der einfachen Bauernwirtschaften werden von der herrschenden Elite abgeschöpft und erst ihre Anhäufung zeigt sich als Reichtum.

Die Moral dieser Geschichte lautet: Individueller Reichtum bedeutet nicht automatisch kollektiven Reichtum. Es kommt darauf an, wie er verwendet wird. Ihn in der Schatztruhe verschwinden zu lassen, ist offensichtlich völlig unproduktiv. Da ist Luxuskonsum schon etwas besser, denn dieser setzt Künstler, Handwerker und Bediente ins Brot. Erst die Verwendung als Kapital im Produktionsprozess führt zur allgemeinen Wohlfahrtssteigerung.

78. Warum ist Nordamerika reich und Lateinamerika arm? Die beiden Amerikas wurden ungefähr zur gleichen Zeit entdeckt und von Europa aus kolonisiert. Im Süden waren Spanien und Portugal vorherrschend, im Norden England und Frankreich. Trotzdem könnte man erwarten, dass beide unter der europäischen Herrschaft eine ähnliche Entwicklung durchgemacht hätten. Bis zum Beginn des 18. Jahrhunderts war das auch der Fall: Um 1700 lagen sie noch gleichauf. Bis 1820, als die lateinamerikanischen Länder sich von den Kolonialmächten Spanien und Portugal lösten (die Trennung der USA von England war schon 50 Jahre früher erfolgt), fiel jedoch das durchschnittliche Bruttoinlandsprodukt pro Kopf in Lateinamerika auf 55 % des Niveaus der USA zurück, bis 1870 sogar auf 28 %. Von 1870 bis 1970 blieb es so, d. h. die Entwicklungen verliefen parallel. Erst in den letzten 30 Jahren erfolgte ein weiterer Rückfall Lateinamerikas auf heute etwa 20 %.

Es besteht kein Zweifel darüber, dass Spanien und Portugal ihre Kolonien brutal ausgebeutet haben. Erklärungsbedürftig bleibt aber, warum sich die Lage nach Abzug der Kolonialherren nicht besserte, sondern verschlimmerte, und warum eine vergleichbare Ausbeutung in Nordamerika nicht stattfand. Für letzteren Fall ist anzumerken, dass die typische koloniale Plantagenwirtschaft – in Lateinamerika kamen die Bergwerke hinzu – auf Basis der Sklaverei auch in die Südstaaten der USA Eingang fand. Hier mit einem ähnlichen, wenn auch nicht so extremen Resultat: Trotz Abschaffung der Sklaverei im Jahr 1865 änderte sich an der Wirtschaftsform, d. h. der Plantagenwirtschaft mit billigen Arbeitskräften, wenig. Die Südstaaten der USA waren bis zur Mitte des 20. Jahrhunderts, als die Baumwollpflücker von Maschinen ersetzt wurden, nur etwa halb so produktiv wie die Nordstaaten, die einen mehr oder minder «europäischen» Weg gingen.

Die Unterschiede zwischen Nord-und Südamerika sind in der ursprünglichen Kolonisierungsstrategie begründet, und sie überdauerten alle politischen Veränderungen. Wo man Bodenschätze gewann und Baumwolle, Zuckerrohr und Tabak in Plantagen anbaute, konnte eine schmale, quasi-feudale europäische Elite es sich bequem machen und die eingeborene Bevölkerung bzw. importierte Sklaven ausbeuten. Diese Elite gab auch nach der Entkolonisierung die Macht nicht aus den Händen und wusste selbst die Abschaffung der Sklaverei zu überleben. Die Ressource des Nordens war dagegen ein grenzenloser, extrem dünn bevölkerter Raum, zu dessen Erschließung selbständige kleine Unternehmer, Farmer, angeworben wurden. Damit sie aus Europa einwanderten, und sie taten es zu Millionen, waren sozioökonomische Bedingungen erforderlich, die ein deutlich besseres Leben als in Europa versprachen. Hier liegt eine der Wurzeln der amerikanischen Demokratie: das Land der unbegrenzten Möglichkeiten für jedermann.

Beide Modelle führten zu stabilen Gleichgewichten der tatsächlichen Machtverteilung, die über die politischen Prozesse dann den institutionellen Rahmen der Gesellschaften bestimmt. Das US-amerikanische Gleichgewicht ist dynamisch und zweifellos positiv: Es hat die USA an die Spitze der Welt gebracht. Das lateinamerikanische Gleichgewicht ist als ein schlechtes Gleichgewicht zu sehen. Zwar hat es über die hundert Jahre von 1870 bis 1970 mit den nordamerikanischen Wachstumsraten Schritt halten können, dies jedoch in gehörigem Abstand, der nicht verkürzt wurde. Das niedrige Durchschnittseinkommen in der der Nähe des Weltdurchschnitts ist zudem äußerst ungleich verteilt: Breite Schichten Lateinamerikas sind absolut arm.

Die vorherrschende Erklärung, dass schlechte Regierung und schlechte Institutionen schuld an dieser Lage sind, ist gar nicht so weit von den Imperialismustheorien entfernt. Der wesentliche Unterschied besteht allerdings darin, dass nicht die neo-kolonialen US-Amerikaner und die Globalisierung dafür verantwortlich gemacht werden, sondern eine einheimische, quasi-feudale Struktur, die sich über Jahrhunderte erfolgreich gegen Rechtsstaat, Demokratie und Wettbewerb zu gleichen Bedingungen durchsetzen konnte. Selbst wo die «richtigen» Institutionen formal vorhanden waren, brachte mangelhafte politische Kultur sie nicht zur Geltung.

79. Gibt es ein Entrinnen aus der Armutsfalle?   Eine Armutsfalle ist ein Zustand der Unterentwicklung, der sich selbst reproduziert. Das können wir uns anschaulich als Gefangenendilemma vorstellen, ein klassisches Grundmodell der Spieltheorie: Zwei Häftlinge werden vernommen, denen man die gemeinsam begangene Tat nicht schlüssig nachweisen kann. Gesteht einer, geht er als Kronzeuge frei aus und der andere wird schwer bestraft. Gestehen beide, werden beide etwas weniger schwer bestraft. Gesteht keiner, erhalten beide für den nachweisbaren Teil der Tat geringe Strafen. Offensichtlich ist für jeden Einzelnen «Gestehen» die beste Strategie, denn er kann nicht sicher sein, was der andere tut. Könnten beide als Kollektiv entscheiden, dann würden sie besser schweigen. Das Problem ist die Koordination. Aber selbst wenn sie auf dem Gefängnishof vereinbaren könnten zu schweigen – vertraut der eine dem anderen, dass er nicht «singt»?

Ähnliche Situationen, in denen der Einzelne keine Möglichkeit sieht, den «Pfad der Tugend» zu betreten, können in armen Ländern in zahlreichen Formen auftreten: In einer korrupten Gesellschaft zahlt es sich für den Einzelnen nicht aus, ehrlich zu sein. Vor die Wahl gestellt, die Kinder zur Arbeit oder in die Schule zu schicken, ist der kurzfristige Einkommensvorteil oft entscheidend. Wo die Familie die einzige Form der Alterssicherung ist, sind große Familien erstrebenswert. In einer Hyperinflation sollte man seine Geldeinnahmen so schnell wie möglich wieder ausgeben, auch wenn das die Inflation weiter anheizt. Wo Vertrauen nicht auf Erfahrung beruht, wird Vertrauen zur Torheit. Wo der Wirtschaftsverkehr dünn ist, z. B. auf dem flachen Land, lohnt es sich nicht, ein Geschäft aufzumachen, und so bleibt der Wirtschaftsverkehr dünn.

Die Ursachen solcher Armutsfallen sind entweder in mangelnder Koordination zu suchen oder in bestimmten Schwellenwerten, die überschritten werden müssen, um ein stetiges Wachstum in Gang zu setzen. Beide Probleme kann der Einzelne nicht lösen, und das bedeutet in den meisten Fällen, dass sie auch der Markt nicht lösen kann. Hier ist ein lenkender, vermittelnder und schützender Staat gefordert. Das muss ein starker Staat sein, und schon tut sich die nächste Armutsfalle auf: Ein starker Staat kann nicht nur schützen, er kann auch ausbeuten. Da die meisten Staaten nicht von Platons Philosophen-Königen regiert werden, sondern von eigennützigen Menschen, ist die Wahrscheinlichkeit des Missbrauchs von Staatsmacht groß, wo nicht hinreichende Kontrollen eingebaut sind.

Die Überwindung der Armut setzt also ein politisches System voraus, das die Entwicklung der Märkte fördert und sie nicht gleichzeitig ausraubt. Leichter gesagt als getan. Auch in England konnte man zu gewissen Zeiten Parlamentssitze kaufen, und im 19. Jahrhundert waren in den USA die Parteien, die Kandidaten für Wahlämter nominierten, hochkorrupt. Welches oberste Gericht hindert den Diktator, der die Richter berufen und absetzen kann, an seiner Bereicherung und daran, Familie und Freunde zu begünstigen? Mächtige zu beschränken, ohne sie zu entmachten, ist ein Kunststück, das zumeist erst nach langem politischen Reifungsprozess gelingt.

80. Kann Entwicklungshilfe schaden? Entwicklungshilfe ist praktische Solidarität der reichen Länder mit den armen. Das kann doch nicht schaden? Tut es auch nicht. Damit werden Schulen und Krankenhäuser errichtet, Brunnen gegraben, Abwasser geklärt, Straßen gebaut, die Polizei ausgebildet, Geburtenkontrolle propagiert, Kinder geimpft – alles nützliche Dinge. Die Zweifel am Nutzen der Entwicklungshilfe tauchen erst dann auf, wenn man sich die Ausgaben der afrikanischen Länder für Waffen oder die dort notorische Korruption vor Augen hält.

Ein Gutteil der als Hilfe gewährten Mittel besteht aus Schuldentilgung bzw. Schuldenerlass. Das hat einerseits eine befreiende Wirkung: Ich strenge mich mehr an, wenn ich weiß, dass ich selbst in den Genuss der Ergebnisse komme und nicht nur mein Gläubiger. Andererseits kann Schuldenerlass zu opportunistischem Verhalten verleiten: Machen wir ruhig Schulden, zurückzahlen müssen wir sie am Ende doch nicht. Entwicklungshilfe ist wie Medizin, richtig dosiert und gezielt eingesetzt fördert sie die Genesung, anderenfalls überwiegen die Risiken und Nebenwirkungen.

Besonders groß ist die Solidarität der reichen Länder allerdings nicht. Die Vereinten Nationen haben sich darauf verständigt, dass die reichen Länder 0,7 % ihres Bruttoinlandsprodukts für Entwicklungshilfe bereitstellen sollten. Dieses Ziel erreichen nur die skandinavischen Länder, die Niederlande und Luxemburg. Die meisten anderen bleiben weit darunter. Die drei Länder, die im letzten Jahrzehnt die höchsten Summen erhalten haben, sind Nigeria, Irak und Afghanistan. Zwei davon zählen zu den ölreichsten Ländern der Welt, über zwei davon wurden in diesen 10 Jahren die meisten Bomben abgeworfen, wohlgemerkt von den Geberländern. Mit der Solidarität ist es offensichtlich so eine Sache. Da wird es selbst auf Empfängerseite manchen Zweifel geben, ob Entwicklungshilfe immer nützlich sei.

81. Konvergenz – findet sie statt? Ökonomen sind entweder unverbesserliche Pessimisten – die trostlose Wissenschaft des Thomas Malthus haben wir schon kennen gelernt – oder sie sind unverbesserliche Optimisten. Letzteres kommt häufiger vor. Die Optimisten glauben an die Selbstheilungskräfte des Marktes und sie glauben an den automatischen Ausgleich der Wohlfahrtsniveaus, die Konvergenz. Glauben ist eigentlich ein unpassender Ausdruck, denn die Konvergenz ergibt sich direkt aus den theoretischen Modellen der Ökonomie.

Nehmen wir an, das Gesetz des abnehmenden Ertragszuwachses gilt, d. h. mit zunehmendem Einsatz von Kapital nimmt auch der Ertrag zu, allerdings um immer geringere Beträge. Dann bringt eine Investition in einem kapitalarmen Land einen höheren Gewinn als in einem kapitalreichen Land. Folglich wird der rationale Investor in kapitalarme Länder investieren und nicht in kapitalreiche. Das geht so lange, bis die Kapitalproduktivität und damit auch die Profitrate in beiden Ländern gleich ist, also Konvergenz vorliegt. Wenn dem freien Verkehr von Kapital nichts im Wege steht, dann muss der Ökonom aus seinem Modell folgern, dass sich Produktivität und Wohlfahrt der beiden Länder einander angleichen.

Ähnliche Überlegungen lassen sich für die Freizügigkeit von Arbeitskräften und sogar für den freien Güterverkehr anstellen. Das heißt, für Konvergenz braucht es theoretisch nicht einmal den freien Verkehr von Arbeit und Kapital, Freihandel genügt. Denn wenn die kapitalarmen und arbeitskräftereichen Länder sich auf arbeitsintensive Güter spezialisieren, z. B. auf Textil und Bekleidung, und die Hochlohnländer auf kapitalintensive Güter, z. B. Maschinen, dann gleichen sich im Laufe der Zeit die Erträge in beiden Ländergruppen an.

Das ist kein Ökonomenmärchen. So etwas kann stattfinden. Die Öffnung Japans zum Welthandel vor 60 Jahren und ein ähnlicher Schritt Chinas vor 20 Jahren haben solche Prozesse in Gang gesetzt. In beiden Fällen stand die Spezialisierung auf Textil und Bekleidung am Anfang. Japan hat einen rasanten Aufholprozess durchgemacht und produziert heute kapital- und wissensintensiver als viele westliche Industrieländer. Für China ist der Weg noch etwas weiter, doch sind die Leistungen des chinesischen Maschinenbaus schon heute beeindruckend. Ein anderes Beispiel für Konvergenz ist die Europäische Union, wo das bitterarme Irland zu einem entwickelten Industrieland aufgestiegen ist.

Doch es findet nicht überall statt. Dafür sind vor allem zwei Gründe verantwortlich. Zum einen sind die Modelle zu stark vereinfacht. Wir sahen bereits, dass neben der Arbeit und dem physischen Kapital auch das Humankapital ein wichtiger Produktionsfaktor ist. Er wird häufig komplementär zum physischen Kapital gebraucht, d. h. komplizierte Maschinen und Produktionsprozesse erfordern auch gut ausgebildete Arbeiter und Ingenieure. Wo kapitalarme Länder diese nicht bereitstellen können, und das ist der Regelfall, da bringen Investitionen nicht den erwarteten Ertrag. Das Kapital bleibt dann lieber in den entwickelten Regionen, wo dank der Ergänzung durch das Humankapital der Ertrag des physischen Kapitals auch nicht sinkt.

Zum anderen findet Produktion nicht im staubfreien Raum der Theorie, sondern in einem konkreten politischen und sozialen Umfeld statt. Wenn dieses Umfeld nicht in der Lage ist, Rechtssicherheit, Vertragstreue und Stabilität zu gewährleisten, dann wird das Kapital solche Regionen meiden. Denn nichts lässt sich leichter räuberisch aneignen als physische Kapitalgüter. Aber auch monetäre Kredite sind in turbulenten Regionen äußerst gefährdet. Es wäre also wenig plausibel, Konvergenz für instabile Länder zu erwarten.

Wachstumsplanung und Wirtschaftspolitik

82. Ist Wachstum planbar? Zahlreiche Faktoren verursachen, fördern oder begleiten das Wirtschaftswachstum. Auf der untersten Ebene ist die Verfügbarkeit der primären Produktionsfaktoren Arbeit, Kapital und Boden zu nennen. Dabei spielt die Qualität eine wichtige Rolle. Arbeit wird durch Bildung zu Humankapital. Technischer Fortschritt verbessert die Effektivität von Kapital und Boden. Die Menge der Faktoren, über die ein Land verfügt, ist aber nicht starr fixiert. Denn Arbeit und Kapital sind mobil und bewegen sich über die Grenzen.

Inwieweit sich der Einsatz von primären Produktionsfaktoren in wachsender Wohlfahrt niederschlägt, hängt auf einer zweiten Ebene von gewissen Randbedingungen ab, die die Produktionskosten beeinflussen. Die Infrastruktur genauso wie Recht und Ordnung oder das Finanzsystem gehören dazu. Tausch- und Investitionsverhalten werden wesentlich durch die Beherrschung von Unsicherheit und Risiko bestimmt sowie durch die Verlässlichkeit der Politik. Das Gebäude der formellen Institutionen und ihre Funktionsfähigkeit sind für die wohlfahrtsfördernde Qualität dieses Rahmens entscheidend.

Auf einer dritten Ebene treffen wir kulturelle Faktoren an. Wirtschaftswachstum wird von dynamischen Unternehmerpersönlichkeiten vorangetrieben. Nur wo sich ihre individuellen Interessen artikulieren und durchsetzen lassen, wird es Wachstum geben. Die Einstellung zum Wandel in den materiellen, sozialen, kulturellen und kognitiven Sphären bestimmt den unternehmerischen Tatendrang, die Hervorbringung neuen Wissens und seine Anwendung ebenso wie die Bereitschaft, sich die *best practice* so schnell wie möglich anzueignen. Daneben schafft die Zivilgesellschaft, schaffen die informellen Institutionen der Sozialnormen, schafft das Sozialkapital eine Umgebung, in der opportunistisches Verhalten möglichst gering gehalten wird.

Dieses Geflecht von Faktoren und wechselseitigen Einflüssen in einem großen Modell zu erfassen, um daraus abzuleiten, an welchen Schrauben man drehen muss, um ein gewünschtes Ergebnis, eine Wachstumsrate von, sagen wir, 5 % zu erzielen, diese Idee ist ein Irrweg. Es hat in der Geschichte noch kein Wirtschaftssystem gegeben, keine Planwirtschaft und erst recht keine Marktwirtschaft, die das mit Erfolg geschafft hätte. Und versucht haben es einige.

Daraus ist aber nicht zu folgern, dass jegliche Wirtschaftspolitik sinnlos ist. Allerdings muss sie wissen, wo sie eingreifen darf und mit welchen Mitteln. Planung auf der untersten Ebene des Einsatzes von Arbeit und Kapital sollte man den selbständigen Individuen überlassen. Sie wissen einfach besser Bescheid über das Was, Wann, Wie und Wo. Die dritte, kulturelle Ebene durch bewusste staatliche Politik, z. B. durch eine Staatsreligion oder ein Ideologiemonopol, in den Griff zu bekommen, ist in der Vergangenheit ebenso gescheitert. So bleibt vor allem die zweite Ebene der materiellen und institutionellen Infrastruktur als Betätigungsfeld für wachstumsorientierte Wirtschaftspolitik. Auf der ersten Ebene kann der Staat sich höchstens für die Produktion jener Güter einsetzen, die bei rein privater Entscheidung in zu geringem Umfang hergestellt würden, wie Wissen, Ausbildung und Gesundheit. Das alles läuft am Ende darauf hinaus, dass der Staat zwar nicht das Wachstum planen, wohl aber die Bedingungen schaffen kann, unter denen Wachstum stattfindet.

83. Hat die Planwirtschaft in der Sowjetunion versagt?

In den 1950er und 1960er Jahren galt als ausgemacht, dass staatliche Entwicklungsplanung, wenn schon nicht in den ökonomisch führenden Staaten, so zumindest in den historisch zurückgebliebenen Ländern den notwendigen Aufholprozess in Gang setzen und beschleunigen würde: Die nachholende Industrialisierung muss geplant werden. Diese Auffassung wurde empirisch von dem beeindruckenden Wachstumserfolg der Sowjetunion unterstützt, die in kurzer Zeit, nämlich von 1928 bis 1970, aus einem rückständigen Agrarland mit einigen Industrieoasen einen modernen Industriestaat und die zweite Weltmacht gemacht hatte: «Von der Sowjetunion lernen, heißt siegen lernen».

Wie hat die Sowjetunion das geschafft? Das Datum 1928 als Beginn der Erfolgsstory deutet es an. Denn in diesem Jahr führte Stalin ein Wirtschaftssystem ein, das die gesamte Wirtschaft einer direktiven zentralen Planung unterstellte. Dabei galt es primär, die vorhandenen Arbeitsreserven maximal auszunutzen und den Bestand an physischem Kapital so rasch wie möglich zu steigern. Daraus folgte der bevorzugte Ausbau der Schwerindustrie. In den Genuss wachsenden Konsums sollten dagegen erst spätere Generationen gelangen. Diese Strategie führte zur erbarmungslosen Ausbeutung der Bauern, die die übersteigerten Investitionen zu finanzieren hatten. Das kostete in den 1930er Jahren Millionen Menschen das Leben.

Der Vergleich einer derart extensiven Wachstumsstrategie mit einer Kriegswirtschaft liegt auf der Hand, und nicht zufällig orientierten sich die Sowjets an der Industrieplanung Walther Rathenaus aus dem Ersten Weltkrieg. Längerfristig stößt eine solchen Strategie an Grenzen. Die Arbeitsreserven sind irgendwann ausgeschöpft, und auch die Investitionen lassen sich nicht beliebig steigern. Die Menschen schnallen den Gürtel für eine heroische Kampagne vielleicht mal enger, nicht aber über Jahrzehnte: Der Konsum fordert sein Recht, oder Motivation und Mut sinken. Wird dann ein Großteil der Investitionen auch noch unproduktiv eingesetzt, nämlich für Militär und Raumfahrt, dann ist es mit dem Wachstum bald vorbei. Das war in der Sowjetunion ungefähr ab 1970 der Fall.

Die Literatur über die Unzulänglichkeiten gesamtwirtschaftlicher zentraler Planung füllt Regale. Sie zeigt, dass Planung vor allem das nicht leisten konnte, was als ihr großer Vorteil gepriesen wurde: die Produktions- und Verteilungsprozesse mit dem geringsten Kostenaufwand zu gestalten, die langfristige gesellschaftliche Wohlfahrt zu optimieren und ein Maximum an technischem und organisatorischem Wissen hervorzubringen.

Russland, der größte Nachfolgestaat der Sowjetunion, ist heute nicht mehr zweite Weltmacht, sondern rangiert seinem Produktionsvolumen nach weit hinter den führenden USA, China und Indien, aber auch hinter Japan und Deutschland. Es rangiert zwischen Ländern wie Frankreich und Italien, obwohl seine Bevölkerung mehr als doppelt so groß ist. Die Entwicklungsanstrengung der 40 Jahre zwischen 1928 und 1970 hat das Land entscheidend vorangebracht. Allerdings waren die Wachstumserfolge in dieser Zeit nicht so spektakulär, wie die sowjetische Statistik behauptete und wie man in den 1960er und 1970er Jahren auch im Westen glaubte. Danach setzte eine 30 Jahre während Stagnation ein, mit der die sowjetische Wachstumsplanung, die ja immerhin bis 1990 andauerte, nicht fertig wurde.

84. Konnte die DDR die Bundesrepublik nicht einholen und überholen? Vor dem Zweiten Weltkrieg lagen West- und Ostdeutschland wirtschaftlich mehr oder minder gleichauf. Im Krieg verschob sich das Gewicht etwas zugunsten des Ostens. Fünfzig Jahre später, 1991, betrug das Bruttoinlandsprodukt pro Kopf der Bevölkerung in den neuen Bundesländern 31 % des westlichen Niveaus. Wie hoch es zwei Jahre zuvor, d. h. unmittelbar vor der Wende war, ist wegen fundamentaler Systemunterschiede – auch in der Statistik – schwer zu sagen. Auf jeden Fall war es etwas höher als 1991. Einen Großteil seines Vorsprungs gewann Westdeutschland zwischen 1945 und 1950. Schon kurze Zeit nach Ende des Krieges setzte ein Wiederaufbauboom ein, der bis in die frühen 1970er Jahre andauerte: das deutsche Wirtschaftswunder.

Im Osten fand zwischen 1945 und 1950 nichts dergleichen statt, im Gegenteil. Die Sowjetunion demontierte Fabriken und Infrastrukturanlagen. Viele Bahnstrecken der DDR blieben bis zur Wende eingleisig. Ab 1950 wuchs die Wirtschaft auch im Osten mit beachtlichen Raten. Allerdings gelang es nie, den Rückstand zur Bundesrepublik aufzuholen, vielmehr nahm er im Laufe der Zeit weiter zu. Zusammen mit Nord- und Südkorea gelten Ost- und Westdeutschland für Ökonomen als klassische Fälle der äußerst seltenen «natürlichen Experimente». Alles, was sich sonst auf die Entwicklung auswirken kann – Tradition, Kultur, informelle Institutionen –, ist gleich, nur die Gesellschaftsordnungen unterscheiden sich. Und da erweisen sich Marktwirtschaften den Planwirtschaften klar überlegen.

Das ist eine sehr pauschale Feststellung. Natürlich wollen wir es etwas genauer wissen. Die DDR hat wie die Sowjetunion auf extensives Wachstum gesetzt. Die Investitionsquote, anfänglich notgedrungen niedrig, wurde bald drastisch gesteigert. Die Arbeitsreserven wurden voll ausgeschöpft: 1989 waren fast 60 % der Bevölkerung beschäftigt, in Westdeutschland dagegen nur 45 %. Allein, extensives Wachstum ist nicht nachhaltig. Modernes Wirtschaftswachstum lebt von Innovation und Humankapital. Das Ausbildungssystem der DDR brauchte keinen Vergleich zu scheuen, mit der Innovation haben Planwirtschaften allerdings Probleme. Denn ein Planer scheut das Risiko, er geht lieber den sicheren, bekannten Weg. Und hier ist das eigentliche Defizit zu suchen: die unternehmerische Initiative. Nicht nur bestehen in einer Planwirtschaft dafür wenig Entfaltungsmöglichkeiten, für die DDR kam erschwerend hinzu, dass ambitionierte Leute in den Westen abwanderten. Bis zum Mauerbau im Jahr 1961 hatten Millionen das Land verlassen.

Als die extensiven Reserven ausgeschöpft waren, hat die DDR auf Schulden gelebt. Dabei waren die nicht unerheblichen Auslandsschulden – in harten Devisen gegenüber dem Westen und in Rubel gegenüber der Sowjetunion – nicht das entscheidende Problem. Schulden sind ein Vorgriff auf die Zukunft. Der Bevölkerung wollte

Honecker, der 1971 die Einheit von Wirtschafts- und Sozialpolitik verkündet hatte (d. h. die gleichzeitige Erfüllung der Wachstumspläne und Konsumwünsche), den erforderlichen Konsumverzicht nicht zumuten. So haben es die ostdeutschen Planer unterlassen, Fabrikanlagen, den Wohnungsbestand und die Infrastruktur – Straßen, Brücken, Schienen, Telefonsysteme, Wasser und Abwasser, Elektrizität – regelmäßig zu erneuern, um die knappen Investitionsmittel in spektakulärere Neubauten und Neuanlagen zu lenken. Wenn ausreichende Substanz vorhanden ist, geht so etwas eine Zeitlang gut. Doch dann fordert die Zukunft ihr Recht. Was das heißt, hat man nach der Wende gesehen. Eine DDR, die diese Schuldenlast allein hätte schultern müssen, hätte noch lange auf Wohlstand nach westlichem Muster verzichten müssen.

85. Warum fand der «Große Sprung» in China 1978 und nicht 1958 statt? 1958 beschloss das Politbüro der chinesischen Kommunistischen Partei für die zweite Fünfjahrplanperiode die «Politik der drei roten Banner»:

– gleichgewichtige Entwicklung von Industrie und Landwirtschaft, von großen, mittleren und kleinen Betrieben und gleichzeitige Nutzung traditioneller und moderner Technologie,
– der «große Sprung nach vorn»: Ausbau der Eisen- und Stahlbasis der Industrie,
– Kollektivierung der Landwirtschaft in Volkskommunen.

Der erste Punkt signalisierte eine Abkehr von der sowjetischen Strategie, die Schwerindustrie bevorzugt zu entwickeln. Der «große Sprung nach vorn» bedeutete die Mobilisierung der Massen. Landwirtschaftliche Arbeitskräfte sollten in winzigen Anlagen Eisenerz verhütten. Die Kollektivierung, ebenfalls als Massenbewegung gedacht, machte aus Bauern hierarchisch geführte Landarbeiter. Die gleichzeitige partielle Dezentralisierung der Planung führte in ein allgemeines Chaos. Das Resultat waren die «drei bitteren Jahre» 1959–61, eine Hungersnot, die 20 bis 40 Millionen Menschen das Leben gekostet haben soll. Eine zweite, für die Entwicklung des Landes katastrophale Kampagne startete Mao Zedong (1893–1976) mit der großen proletarischen Kulturrevolution im Jahr 1966.

Erst nach dem Tod Maos gelang es Deng Xiaoping (1904–1997), die Wirtschaftsordnung und die Wachstumsstrategie Chinas grundlegend zu ändern. Zum Teil war der neue Kurs bereits in der «Politik der drei roten Banner» vorformuliert. Er enthielt nämlich die Einsicht, dass Chinas Entwicklung sich aus der Landwirtschaft und Leichtindustrie entfalten müsse. Gleichzeitig setzte Deng auf einen fundamentalen Ordnungswandel: die Rückkehr zum selbständigen Bauerntum und die Gewährung freien Unternehmertums in Industrie und Handel. Das hatte wenig mit Sozialismus und viel mit wirtschaftlichem *common sense* zu tun nach dem Motto: »Egal, ob die Katze schwarz oder weiß ist, Hauptsache, sie fängt Mäuse». Das Programm waren die «Drei Schritte»:

– von 1980 bis 1990 eine Verdoppelung des Bruttoinlandsprodukts, um die Menschen mit dem Nötigen an Nahrung und Kleidung zu versorgen,
– eine weitere Verdoppelung von 1990 bis 2000, um einen bescheidenen Wohlstand zu erreichen,
– und schließlich 50 Jahre, um zu den mittleren entwickelten Ländern aufzuschließen.

Die ersten 30 Jahre der «Drei Schritte» verliefen erfolgreicher als geplant. Die Verdoppelung des BIP fand ungefähr alle 7 Jahre statt.

Zu diesem Erfolg hat auch wesentlich die geänderte Außenhandelsstrategie beigetragen. Das sowjetische Entwicklungsmodell basiert auf Unabhängigkeit und Autarkie. Damit wird auf die Ausnutzung der komparativen Kostenvorteile verzichtet. China besann sich 1978 auf seine komparativen Kostenvorteile und hat sich nach außen geöffnet. Ein rasanter Anstieg des Außenhandels und umfangreiche ausländische Direktinvestitionen waren die unmittelbaren Folgen. Heute ist China einer der wichtigen Akteure der Weltwirtschaft.

86. Kennen angelsächsische Länder keine Wirtschaftspolitik?

Kennen sie natürlich. Doch Lehrbücher zur Wirtschaftspolitik gibt es nur auf Deutsch. (Zugegeben: Eines der einflussreichsten hat der Niederländer Jan Tinbergen auf Englisch verfasst.) Im angloamerikanischen Sprachraum ist Wirtschaftspolitik kein eigenes Forschungsfeld oder Studienfach, sondern folgt eher *en passant* aus der theoretisch-empirischen Analyse. Grundsätzliche Überlegungen zur Theorie der Wirtschaftspolitik werden dort nur selten formuliert.

Aber auch in vielen deutschsprachigen Büchern jüngeren Datums findet man kein eigenes Kapitel «Wachstumspolitik» mehr. In den 1950er und 1960er Jahren war das noch anders: Wachstum und Entwicklung galten auch in Marktwirtschaften als wichtige Politikfelder.

Darin äußerte sich zum einen die damals herrschende keynesianische Lehrmeinung, nach der dem Staat in der Wirtschaft eine aktive Verantwortung zukommt. Zum anderen waren viele Ökonomen überzeugt, auch in Marktwirtschaften trage Planung, und zwar makroökonomische Planung, zur Wohlfahrtssteigerung bei. Der genannte Jan Tinbergen war ein herausragender Vertreter dieser Richtung, die sich auf komplizierte statistische Modelle stützte.

Der Focus der Wachstumstheorie lag bis in die 1960er Jahre auf der Kapitalakkumulation, also den Investitionen, und den Ersparnissen, die sie möglich machen sollten. Von Keynes hatte man gelernt, dass die Entscheidungen über beide völlig unabhängig voneinander sind, so dass die Möglichkeit besteht, dass zu geringe Ersparnisse Investitionsvorhaben verhindern oder reichliche Ersparnisse keine Anwendungschancen finden. Vor allem der letzte Fall war besorgniserregend, denn er hat Arbeitslosigkeit zur Folge. Und schon Keynes meinte, hier müsse der Staat durch Investitionslenkung aushelfen.

Die Erfahrungen mit modellgestützter makro-ökonomischer Planung und mit staatlicher Investitionslenkung waren in den Industrieländern, aber vor allem auch in den Entwicklungsländern nicht überzeugend. So verwundert es nicht, dass sich die Lehrmeinung änderte. Heute sind unter der Überschrift «Wachstumspolitik» wenn überhaupt, dann nur noch Ausführungen zur Ordnungspolitik, zur (Infra-)Strukturpolitik und zur Forschungs- und Bildungspolitik zu finden. Hier manifestieren sich neuere theoretische Erkenntnisse, nämlich die Bedeutung des institutionellen Rahmens, der Innovation und des Humankapitals für wirtschaftliches Wachstum. Hier manifestiert sich aber auch die Einsicht, dass wohlfahrtsrelevante Entscheidungen im Regelfall nur von den Produzenten und Konsumenten getroffen werden können und dass der Staat für einen Rahmen zu sorgen hat, der ihnen das erleichtert.

87. Was tut die Europäische Union für das Wirtschaftswachstum? Die Europäische Union ist ein merkwürdiges Gebilde ohne historisches Vorbild. Sie ist kein Staat und sie ist keine Organisation auf rein zwischenstaatlicher, vertraglicher Basis. Sie verfügt mit Legislative (Parlament und Rat), Exekutive (Kommission) und Judikative (Europäischer Gerichtshof) über alle Organe eines Staates, doch souverän ist sie nur insoweit, als ihr Kompetenzen von den Mitgliedländern übertragen worden sind. Und die sind im Bereich der Wirtschaftspolitik äußerst beschränkt. Das liegt daran, dass die Mitgliedländer sich alles vorbehalten haben, was mit der Einnahme und Ausgabe von Geld zu tun hat. Denn damit kann die Politik schließlich beim Wähler punkten. Das Portemonnaie gibt man nicht aus der Hand. So regiert die Europäische Union nach der Devise: Regeln, nicht Geld.

Der Union steht kein Haushalt zur Verfügung, mit dem sie konjunktur- oder wachstumspolitisch große Sprünge machen könnte. Das Gesamtbudget der Union beträgt nur 1 % des BIP der Mitgliedländer, und Schulden machen darf sie nicht. Damit verbietet sich jede Form von Nachfragestimulierung von selbst. So kommen nur angebotsorientierte Maßnahmen in Frage wie Wettbewerbspolitik, Flexibilisierung der Märkte, Forschung und Bildung.

In diesen Politikfeldern teilt sich die Europäische Union die Kompetenz mit den Mitgliedländern. Nach dem Subsidiaritätsprinzip sollte die EU nur dort in Aktion treten, wo die Mitgliedländer allein keine effektive Politik machen können. Das ist zum Beispiel in der Wettbewerbspolitik der Fall, die dem Grundsatz der Nicht-Diskriminierung folgt. Einzelstaatliche Regelungen oder Subventionen an nationale Unternehmen würden Konkurrenten aus anderen Ländern diskriminieren. Hier bedarf es der Kontrolle und Koordinierung auf Unionsebene.

Da der Union in vielen Bereichen die Hände gebunden sind, bleibt ihr nichts anderes als koordinierende Planung übrig. Das ist wenig spektakulär, und so kann der nicht ganz berechtigte Eindruck entstehen, die Union hätte für das langfristige Wirtschaftswachstum keine Bedeutung. Ihr Haupteffekt besteht allerdings in der schieren Größe des gemeinsamen Marktes, der es erlaubt, die Vorteile von Arbeitsteilung und Spezialisierung optimal zu nutzen. Um diesen Markt aufrechtzuerhalten und zu vertiefen, bedarf es allerdings einer Menge kluger Wirtschaftspolitik.

Die bescheidenen Budgetmittel, über die die EU verfügt, wurden in der Vergangenheit ganz auf die Landwirtschaftspolitik konzentriert. Erst im Laufe der Zeit besann man sich darauf, die Mittel etwas zukunftsgerichteter einzusetzen, zum Beispiel für Forschung und Entwicklung, aber auch in der Struktur- und Regionalpolitik. Dort unterstützt sie zurückgebliebene, vor allem periphere Regionen der Union, damit diese den Anschluss an die dynamischen Kernregionen nicht verlieren.

88. Wofür ist ein Stabilitäts- und Wachstumspakt gut? Mit dem Vertrag von Maastricht hat die Europäische Union 1992 die Währungsunion und den Euro als gemeinsame Währung beschlossen. Seit 1999 sind beide Realität. Eine gemeinsame Währung bedingt eine gemeinsame Geldpolitik. Dafür ist die unabhängige Europäische Zentralbank zuständig. Aber braucht man nicht auch eine gemeinsame Fiskalpolitik? Das war umstritten. Zumindest sollte man die nationalen Staatshaushalte und ihre Schulden so weit koordinieren, dass von ihnen keine Gefahr für die Stabilität des Euros ausgeht. Entsprechende Vorkehrungen sah der Maastrichter Vertrag vor. Deutschland genügte das nicht und drängte auf eine Ergänzung des Vertrages im Stabilitäts- und Wachstumspakt, der 1997 in Amsterdam vereinbart wurde.

Das Wort Wachstum im Titel des «Stabilitäts- und Wachstumspakts» erinnert daran, dass man mit Geld- und Fiskalpolitik nicht nur Preise und Konjunktur stabilisieren, sondern auch das Wirtschaftswachstum stimulieren kann. Im Unterschied zu Frankreich lag dies allerdings nicht in der Absicht der deutschen Politik. Zwar heißt es, der Pakt diene der «Gewährleistung gesunder Staatsfinanzen als Mittel zur Verbesserung der Voraussetzungen für Preisstabilität und für ein starkes, nachhaltiges und der Schaffung von Arbeitsplätzen förderliches Wachstum». Doch eigentlich geht es vor allem um die Vermeidung übermäßiger Haushaltsdefizite. Aktive Wachstumspolitik ist damit nicht gemeint.

Der europäische Pakt von 1997 hat einen deutschen Vorläufer aus dem Jahr 1967, das «Gesetz zur Förderung der Stabilität und des Wachstums der Wirtschaft». § 1 legt fest: «Bund und Länder haben bei ihren wirtschafts- und finanzpolitischen Maßnahmen die Erfordernisse des gesamtwirtschaftlichen Gleichgewichts zu beachten. Die Maßnahmen sind so zu treffen, daß sie im Rahmen der marktwirtschaftlichen Ordnung gleichzeitig zur Stabilität des Preisniveaus, zu einem hohen Beschäftigungsstand und außenwirtschaftlichem Gleichgewicht bei stetigem und angemessenem Wirtschaftswachstum beitragen». Die vier genannten Ziele werden auch magisches Viereck genannt, wobei das Magische darin besteht, dass die Ziele mit dem vorhandenen Instrumentarium nicht gleichzeitig zu verwirklichen sind. Der damalige Wirtschaftsminister Karl Schiller (1911–1994), ein überzeugter Anhänger der Lehre von Keynes, wollte mit Hilfe dieses Gesetzes eine modellgestützte makro-ökonomische

Planung unter Beteiligung der Tarifparteien einführen und so die Magie bannen.

Zur makro-ökonomischen Planung ist es nicht gekommen, wohl aber für einige Jahre zur «konzertierten Aktion», einer Abstimmung der Wirtschafts- und Tarifpolitik unter den Tarifparteien und der Regierung. Nun dürfen wir fragen, ob das Gesetz in Deutschland zu Stabilität und Wachstum beigetragen hat. Die Antwort der Wissenschaft ist eher negativ. Zwar war die Preisstabilität in Deutschland über die letzten 40 Jahre größer als in den meisten Nachbarländern. Das ist aber das Verdienst der unabhängigen Bundesbank.

Der hohe Beschäftigungsstand, der in den 1960er Jahren erreicht wurde, nämlich eine Arbeitslosenrate unter 1 %, ist lange Vergangenheit. Das durchschnittliche Wachstum hat seit 1967 deutlich abgenommen. Ob man es noch für «angemessen» hält, ist eine Frage der Vergleichsmaßstäbe. Es war aber kaum stetiger als in der Vorperiode. Was seit 1973 stetig stieg, und zwar begünstigt durch das Stabilitätsgesetz, ist die Staatsverschuldung. Ausgehend von 20 % des BIP hat sie im neuen Jahrtausend die kritische Schwelle von 60 % überschritten, die in Maastricht festgelegt worden war und die Deutschland mit dem Stabilitäts- und Wachstumspakt unbedingt eingehalten sehen wollte. Das ältere deutsche Stabilitätsgesetz war also nicht einmal in der Lage, die Verletzung des europäischen Stabilitäts- und Wachstumspakts durch Deutschland zu verhindern.

89. *Picking winners* – wer kann das schon? Wirtschaftswachstum basiert, wie wir bereits gesehen haben, auf Innovation, sei sie technischer, organisatorischer oder marktstrategischer Natur. Am Beginn eines Innovationszyklus liegt eine Phase hoher Kosten: Das neue Produkt wird in kleinen Stückzahlen produziert, es hat Kinderkrankheiten, man lernt noch. Kurzfristig hat die Innovation also Schwierigkeiten, sich im Wettbewerb durchzusetzen. Über diese Phase muss dem neuen Produkt oder dem neuen Prozess hinweggeholfen werden. Dafür gibt es verschiedene Möglichkeiten. Das Unternehmen kann die Startphase aus eigenen Mitteln finanzieren. Innovative Ideen finden manchmal so genanntes Wagniskapital (*venture capital*). An der Börse wird Eigenkapital bereitgestellt. Dann sind die Banken daran interessiert, renditeträchtige Projekte mit Kredit zu versorgen. Schließlich kann der Staat eine aktive Industriepolitik führen und Innovationen subventionieren.

Die Sache hat nur einen Haken: das Risiko. Es ist zu Beginn keineswegs ausgemacht, dass ein innovatives Projekt den Markttest besteht. Für das gleiche Geld kann es sich als Flop herausstellen. Alle Geldgeber stehen also vor dem Problem, künftige Sieger im Wettbewerbsrennen herauszufinden, *picking winners*. Ein weit verbreiteter Einwand gegen staatliche Industriepolitik lautet, der Staat und seine Bürokraten im Wirtschaftsministerium seien dazu nicht in der Lage und sollten deshalb die Sache lieber den Banken und Börsen überlassen. Richtig an dem Einwand ist, dass es keinen Grund zur Annahme gibt, Bürokraten seien besser als Banker über die Chancen eines innovativen Projektes informiert. Beide wissen es nicht genau. Es gibt auch genug Beispiele, in denen der Staat mit Prestigeprojekten falsch lag: schneller Brüter, Transrapid, Cargolifter.

Genauere Untersuchungen in Ländern, in denen Industriepolitik nicht reines Korruptionsinstrument ist, sind jedoch zum Ergebnis gelangt, dass Staatsbeamte gegenüber Bankern gar nicht so schlecht abschneiden, wenn es darum geht, erfolgreiche Projekte auszuwählen. Das ist leider kein Grund zur Entwarnung. Denn Staatsbeamte schneiden erheblich schlechter ab als Banker und Unternehmensmanager, wenn es darum geht, erfolglose Projekte fallen zu lassen, *dropping losers*. Und das kostet den Steuerzahler viel Geld. Warum das so ist, lässt sich erahnen. *Picking winners* ist eine Frage der Information und des Glücks. *Dropping losers* ist eine Frage des Risikomanagements und der Bereitschaft, Fehler einzugestehen. Für eine Bank oder allgemein ein Unternehmen gehört es zum täglichen Geschäft, aus unrentablen Engagements auszusteigen. (Das Versagen der Banker in der jüngsten Finanzmarktkrise hatte andere Ursachen.) Politiker und Beamte denken nicht in Begriffen von Gewinn und Verlust und trennen sich schwerer von einem liebgewonnenen, öffentlichkeitswirksamen Projekt.

90. Besteht Konsens über den «Washingtoner Konsens»? Der «Washingtoner Konsens» wurde 1989 aus der Taufe gehoben. Er bezeichnet einen fundamentalen Richtungswechsel in der Entwicklungspolitik. In den 1950er und 1960er Jahren wurde den Entwicklungsländern empfohlen, aktive Industriepolitik zu betreiben, dazu staatliche Unternehmen zu gründen, Güter zu produzieren, die Importe ersetzen können, die notwendigen Ersparnisse gegebenenfalls auch über Inflation zu erzwingen und die Außenwirtschaftsbeziehungen zu kontrollieren. Diese Strategie brachte nicht den erwünschten Erfolg.

In der zweiten Hälfte der 1980er Jahre stand Washington – d. h. die Weltbank, der Weltwährungsfonds und die amerikanische Regierung – vor dem Problem der Schuldenkrise in Lateinamerika. John Williamson stellte 1990 zusammen, über welche Elemente einer neuen Strategie die Ökonomen dieser Institutionen einer Meinung waren und worüber eher nicht. Die Liste mit den allgemein akzeptierten Politikempfehlungen nannte er «Washingtoner Konsens». Das war eine unglückliche Formulierung, denn die Liste wurde vielerorts als Washingtoner Diktat verstanden, nämlich als Bedingungen, die zu erfüllen waren, wollte man Schuldenerlass oder Kredite von den genannten Washingtoner Organisationen erhalten.

Inhaltlich lief die Politikreform auf eine Stärkung der Marktelemente in der Wirtschaftsordnung hinaus: Stabilisierung, Liberalisierung, Privatisierung, staatliche Budgetdisziplin, Konzentrierung der Staatsausgaben auf Bildung und Gesundheit, Öffnung der Wirtschaft nach außen, was immer mehr Wettbewerb bedeutet. Als 1989–90 die Wende in Mittel- und Osteuropa einsetzte und Transformation von der Planwirtschaft zur Marktwirtschaft auf der Agenda stand, drängte sich der Washingtoner Konsens als Reformprogramm geradezu auf. In vielen Transformationsländern der Region wurde es auch erfolgreich umgesetzt.

Warum dann immer wieder die scharfe Kritik? Zum einen war sie politisch motiviert, gerichtet gegen einen amerikanischen Imperialismus, der die internationalen Finanzinstitutionen instrumentalisiere. Noch eine zweite Form von Imperialismus stand am Pranger: Hier propagierten die Neoliberalen ihr Ideal des Laisser-faire. Außerdem sah es so aus, als ob man nach der Devise «one size fits all» verfahre: Kann dasselbe Programm für Lateinamerika, Mittel- und Osteuropa und Ostasien gleich gut sein? Unterscheiden sich die Ausgangsituationen nicht fundamental? Spielt nicht gerade in Ostasien der Staat in der Entwicklungspolitik eine führende Rolle?

Die Kritik richtet sich gar nicht so sehr gegen die Liste der notwendigen Politikreformen. Über die Bedeutung gesicherter Eigentumsrechte, funktionsfähiger Märkte, stabilen Geldes und unternehmerischer Initiative sind sich die meisten einig. So weit kann man durchaus von Konsens sprechen. Die Kritiker halten die Liste allerdings für unvollständig: Was für eine nachhaltige Entwicklung fehle, seien arbeitsfähige Institutionen und soziale Stabilität. Doch auch darüber herrscht Konsens, nur wurden diese Bedingungen anfänglich nicht betont. Inzwischen ist gute Regierung für die Weltbank zu einem zentralen Entwicklungsziel aufgerückt.

Konsens ist allgemein bei ökonomischen Fragen ein seltenes Phänomen. Wenn es darum geht zu bestimmen, welche Rolle der Staat in der Wirtschaft spielen solle, gehen in der Regel die Meinungen auseinander. Für Planwirtschaft und etatistische Entwicklungsprogramme gibt es aber kaum noch wissenschaftliche Unterstützung.

91. Wer sind eigentlich diese schrecklichen Neoliberalen?

Vorsicht: verminter Boden! Hier betreten wir ein ideologisches Schlachtfeld, und da wird schweres Geschütz aufgefahren. Wenn ein so bedächtiger Zeitzeuge wie Jürgen Habermas von «den Lebenslügen einer neoliberalen Orthodoxie» spricht, dann muss Gefahr im Verzug sein. Er nennt allerdings nur das Ross, nicht den Reiter. Wer ist das, die neoliberale Orthodoxie, und was führt sie im Schilde?

Den alten Liberalen begegnen wir im 19. Jahrhundert. Alexis de Tocqueville und John Stuart Mill (1806–1873) werden zu den *good guys* gerechnet. Blindheit auf dem sozialen Auge kann man ihnen nicht nachsagen. Die *bad guys* stellt der Manchester-Liberalismus, obwohl sich seine Vertreter, in Manchester Richard Cobden (1804–1865), in Deutschland Heinrich Bernhard Oppenheim (1819–1880) z. B., vor allem für Freihandel, volles Wahlrecht und soziale Reformen engagierten.

Angesichts von Totalitarismus, Diktatur und Planwirtschaft besannen sich in den 1930er und 1940er Jahren einige Ökonomen, vor allem auch in Deutschland, auf die liberalen Ideale. Alexander Rüstow (1885–1963), Wilhelm Röpke, Walter Eucken und später auch Ludwig Erhard bekannten sich dazu und nannten sich Neoliberale. Das Neue sahen sie in der entschiedenen Abgrenzung vom Laisserfaire.

Kennzeichnend für diese Denkrichtung ist es, dass sie die Wirtschaft ein einen breiten sozio-kulturellen Kontext einbettet. In der Ordnungspolitik hat sie klare Vorstellungen:
- Betonung der individuellen Eigenverantwortlichkeit,
- grundsätzliches Vertrauen in Märkte,
- ein Plädoyer für freien Handel,
- stabiles Geld,
- ein starker Staat, der für die Einhaltung der Spielregeln sorgt,
- eine Präferenz für private anstelle staatlicher Wirtschaftstätigkeit,

- Bevorzugung angebotsorientierter gegenüber nachfrageorientierter Wirtschaftspolitik.

Die kollektive soziale Verantwortung scheint eine untergeordnete Rolle zu spielen. Das ist bei den einzelnen Vertretern dieses Neoliberalismus allerdings unterschiedlich ausgeprägt. Doch erst in Verbindung mit der christlichen und sozialistischen Solidarität konnte Alfred Müller-Armack den Neoliberalismus zur sozialen Marktwirtschaft fortentwickeln und damit zu einem ordnungspolitischen Erfolgsmodell machen.

Mit den «Lebenslügen der neoliberalen Orthodoxie» muss etwas anderes gemeint sein. Unter den Ökonomen werden in diesem Zusammenhang gerne die drei Nobelpreisträger Friedrich von Hayek, Milton Friedman (1912–2006) und James Buchanan (*1919) genannt. Bei all ihrer Skepsis gegenüber staatlicher Intervention in den Wirtschaftskreislauf waren sie jedoch keine Marktanarchisten. Die Rolle des Rechtes und des schützenden Staates ist eines ihrer zentralen Anliegen. Der Platz, den sie einer aktiven Sozialpolitik einräumen, ist allerdings äußerst beschränkt. Mit ihrem Vertrauen in spontane Selbstorganisation und die Selbstheilungskräfte des Marktes setzen sie sich heftiger Kritik aus. Hier von Lebenslügen zu sprechen, wäre jedoch wohl kaum angebracht.

Am Ende sind es Ronald Reagan (1911–2004) und Margaret Thatcher (*1925), die den Neoliberalismus in Diskredit gebracht haben. Auch dieses Urteil bedarf einer gewissen Differenzierung. Denn einerseits hat Ronald Reagan trotz neoliberaler Rhetorik «keynesianische» Wirtschaftspolitik gemacht, indem er durch Steuersenkungen den Konsum ankurbelte und mit dem Staatshaushalt ein *deficit spending* von bis dahin ungeahntem Ausmaß betrieb. Zusammen mit einer laxen Geldpolitik der amerikanischen Zentralbank führte das gleiche Programm bei George W. Bush in die Wirtschaftskrise 2008–09. Margaret Thatcher gelang es auf der anderen Seite, die Phase unterdurchschnittlichen Wirtschaftswachstums in Großbritannien zu beenden und den britischen Wohlfahrtsrückstand zu den kontinentaleuropäischen Ländern aufzuholen. Manche meinen allerdings, das habe vor allem der britische Öl- und Gasboom nach dem zweiten Ölpreisschock Anfang der 1980er Jahre geschafft. Bei beiden ist es wiederum die Vernachlässigung der Sozialpolitik, die zum Vorwurf der neoliberalen Härte führt.

Grenzen des Wachstums

92. Grenzen des Wachstums: Gibt es die überhaupt? 2008 erschien die von vier auf acht Bände erweiterte zweite Auflage des *The New Palgrave Dictionary of Economics*, die autoritative Enzyklopädie der Volkswirtschaftslehre. Darin gibt es weder einen Eintrag zu *stagnation* noch zu *limits to growth*. Müssen wir daraus schließen, dass diese Phänomene nicht existieren oder zumindest nicht in der Ökonomie? Der Schluss wäre grundfalsch. Denn es gibt im Entwicklungsprozess Stagnationsphasen, die in der Vergangenheit über Jahrhunderte andauerten. Und die Ökonomen haben sich zu allen Zeiten mit der Frage beschäftigt, ob sich Wirtschaftswachstum unbegrenzt fortsetzen oder was das Wachstum beschränken könne.

Warum dann also keine Stichworte zu *stagnation* und *limits to growth*? Das haben uns die Herausgeber des *New Palgrave* natürlich nicht gesagt. Einfach vergessen haben sie diese Begriffe wohl nicht. Denn in der ersten Auflage der Enzyklopädie aus dem Jahre 1987 wurden beide aufgeführt. Jetzt sind Tür und Tor für spekulative Überlegungen geöffnet. Die drei Herausgeber der ersten Auflage waren britische Ökonomen, die sich nicht immer im *mainstream* bewegten. Die beiden Herausgeber der zweiten Auflage sind amerikanische Ökonomen. Ist die Ökonomie in England noch immer eine trostlose Wissenschaft und in der Neuen Welt dagegen eine optimistische Zunft? In den 1980er Jahren waren die düsteren Botschaften des *Club of Rome* noch Diskussionsstoff. Anfang 2008 befand sich die Welt – gerade noch, wie wir jetzt wissen – in einer Aufschwungphase. Konnte man wirklich an dauerhaftes Wachstum glauben? Sind die Konzepte inzwischen wissenschaftlich überholt?

Unter Stagnation verstehen wir einen Prozess, der aus dem Wirtschaftssystem heraus ohne externe Schocks, man nennt das «endogen», zu einer allmählichen Abflachung des Wachstums bis hin zum seinem völligen Erliegen führt. Grenzen des Wachstums dagegen werden meistens als exogene Beschränkungen verstanden, die eine weitere Entwicklung unmöglich machen. Langfristige Stagnation läuft in der Regel auf irgendeine dieser exogenen Beschränkungen hinaus – auf Erschöpfung der Ressourcen, Überbevölkerung, Belastung der Umwelt. Hierzu werden durchaus sinnvolle Fragen an die Ökonomen gerichtet. Es wäre töricht, sich ihnen zu verschließen.

93. Kann es immer so weitergehen? Da ist zuerst noch einmal zu fragen: Wie ist es denn bisher gegangen? Ganz grob haben wir zwei Phasen unterschieden, die malthusianische Phase mit äußerst geringem Wachstum vor 1800 und das moderne Wirtschaftswachstum danach. Mit der industriellen Revolution setzte ein Entwicklungsprozess ungeahnten Ausmaßes ein, der sich in einer Bevölkerungsexplosion, einer Verlängerung der Lebensdauer und wachsendem Wohlstand niederschlug, im «Westen» zuerst, dann nachholend im Rest der Welt. Dieser Entwicklungsprozess hatte sich in den führenden Ländern nach dem Zweiten Weltkrieg noch beschleunigt, um nach 1973 auf Raten um jährlich 2 % für das Bruttoinlandsprodukt (BIP) pro Kopf zurückzufallen.

2 % jährlich, das bedeutet eine Verdoppelung der Wohlfahrt alle 35 Jahre oder eine Verachtfachung in ungefähr einem Jahrhundert. Es gibt keinen Grund anzunehmen, dass ein solches Entwicklungstempo eine Naturkonstante wäre. In den heutigen Schwellenländern mag dieses Tempo, ja selbst ein höheres noch für die nächsten 100 Jahre möglich sein. Im entwickelten «Westen» hängt die künftige Entwicklung von den Faktoren ab, die das Wachstum bestimmen, und davon, ob eine vermehrte Produktion überhaupt Abnehmer findet.

Für hochentwickelte Wirtschaften ist Wachstum vor allem eine Frage der Innovation, und deren künftige Rate oder auch nur das Innovationspotential vorherzusagen, übersteigt unsere Fähigkeiten. Wie lange Wissenschaft und Forschung uns noch mit neuen Ideen versorgen, steht in den Sternen. Was die Nachfrage nach einem wachsenden Output betrifft, so besteht schon heute das BIP in Deutschland zu fast 70 % aus Dienstleistungen. In den USA liegt dieser Prozentsatz noch höher. Zusätzliche Nachfrage wird vor allem Nachfrage nach mehr Dienstleistungen sein. Da die nachholende Industrialisierung im Rest der Welt mit weiterhin wachsender Nachfrage nach materiellen Gütern verbunden ist, hat das Exportland Deutschland allerdings noch Absatzchancen.

Bei Dienstleistungen erfolgen Produktivitätssteigerungen eher langsam. Betreuung von Kindern und Alten mögen Zukunftsberufe sein, ihre Stundenproduktivität lässt sich bei gleichbleibender Qualität nur wenig verbessern. Das führt dazu, dass ein erhöhter Anteil von Dienstleistungen am BIP tendenziell eine Verringerung der Produktivitätsgewinne bewirkt.

Es ist also durchaus plausibel zu erwarten, dass die Nachfrage nach materiellen Gütern und Dienstleistungen sich weniger auf die Menge als auf qualitative Verbesserungen richtet, die natürlich zu höheren Preisen und damit zu einem Wachstum des BIP führen. Aber selbst wenn sie mehr oder minder stagnieren sollte, kommt Wachstum nicht zum Stillstand. Denn es gibt noch zahlreiche unbefriedigte Bedürfnisse und damit «Güter», die wir nicht im BIP erfassen.

94. Kann der Kapitalismus überleben? Mit dieser Frage hat Joseph Schumpeter den zweiten Teil seines berühmten Buchs *Kapitalismus, Sozialismus und Demokratie* aus dem Jahr 1942 überschrieben. Karl Marx hatte sie mit einem unüberhörbaren Nein! beantwortet. Marx begründete sein Nein! mit der Feststellung, dass der Kapitalismus von sich aus in die Stagnation führe. Gleich zwei Prozesse bewirken das. Zum einen hätten die Profitraten die Tendenz zu fallen, und wenn sie bei Null anlangten, dann komme die kapitalistische Produktion zum Stillstand. Fallende Profitraten waren eine empirische Erfahrung in der Industrie des 19. Jahrhunderts, die jeden klassischen Ökonomen beschäftigten. Zum anderen habe der Kapitalismus eine Tendenz zur Monopolisierung. Wo aber Monopole herrschen, fehle der Wettbewerb und damit der Stachel zu innovieren. Das Entwicklungspotential werde nicht mehr genutzt. Dann sei es den Arbeitern ein Leichtes, die wenigen verbliebenen Kapitalisten zu vertreiben und die Herrschaft über die Produktion zu übernehmen.

Wollte Schumpeter originell sein, musste er Marx widerlegen und etwas Neues bieten. Schumpeter der Soziologe unternimmt es deshalb, die Marxsche Klassentheorie und den daraus resultierenden Klassenkampf als realitätsfern zu beschreiben: Warum sollten die Arbeiter nicht mit den Unternehmern kooperieren? Schumpeter der Ökonom geht dann daran, die Marxsche Wirtschaftstheorie, bei aller Bewunderung für einzelne ihrer Erkenntnisse, auseinander zu nehmen und zu zeigen, dass die Profitrate im Kapitalismus nicht auf Null fallen werde, solange er innovativ sei.

Das kapitalistische Intermezzo in der Geschichte, so Schumpeters Idee, findet automatisch dann ein Ende, wenn der Unternehmer nicht mehr gebraucht wird. Gebraucht wurde er, um Visionen innovativer neuer Kombinationen, d. h. neuer Produkte, neuer Prozesse, neuer Märkte, neuer Organisationsformen, zu erfassen und ihre Risiken zu schultern. Sobald Innovation eine Routineangelegenheit und planbar wird, kann der Unternehmer vom Wirtschaftsverwalter oder Bürokraten ersetzt werden. Damit steht der Planwirtschaft nichts mehr im Wege. Die Entwicklung verläuft dann vielleicht etwas langsamer, doch Stagnation sei keineswegs zwingend. Mit den Unternehmern verschwinden auch das Bürgertum und seine Kultur.

Schumpeters Einschätzung entsprach dem Geist der Zeit. In den 1940er Jahren hielten viele den Kapitalismus für erledigt. Zu sehr hatte er sich in der Weltwirtschaftskrise diskreditiert. Heute, mehr als ein halbes Jahrhundert danach, wissen wir zumindest um die Regenerationsfähigkeit des Systems. 1989, als das sozialistische System in Osteuropa zusammenbrach, besann sich Francis Fukuyama auf Hegels Idee vom Ende der Geschichte. Er meinte, dass die philosophischen Grundlagen und strukturellen Elemente von Marktwirtschaft und liberaler Demokratie sich im weltweiten Systemwettbewerb nicht nur als überlegen, sondern sogar als alternativlos erwiesen hätten. Auch das mag dem Geist der Zeit geschuldet gewesen sein. 20 Jahre später, vor dem Hintergrund einer neuen Weltwirtschaftskrise, wird der Kapitalismus wieder in Frage gestellt. Allerdings ist weit und breit keine funktionsfähige Alternative zu sehen.

95. Wie sieht die Welt im Jahr 2050 aus? Ökonomen sind, was Prognosen betrifft, nicht sehr erfolgreich. Und dann gleich bis 2050? Also sei zu Beginn gesagt, dass es sich bestenfalls um ein mögliches Szenario handeln kann. Das Stück, das am Ende gespielt wird, ist wie immer Improvisationstheater. Doch auch das Improvisationstheater kennt seine Gesetze. Etwas verlässlicher als die Vorhersagen der wirtschaftlichen Entwicklung sind Bevölkerungsprognosen, da hier die augenblickliche Situation längerfristige Auswirkungen hat. Deshalb wollen wir davon ausgehen und darauf verzichten, das Wirtschaftswachstum zu prognostizieren.

Nach der mittleren Variante der Bevölkerungsschätzung der Vereinten Nationen, die von einer moderaten Abschwächung des Wachstums ausgeht, wird die Weltbevölkerung in den kommenden 40 Jahren um ein Drittel zunehmen. Der Zuwachs ist aber sehr ungleichmäßig verteilt. Während sich die Bevölkerung Afrikas in diesem Zeitraum verdoppelt, stagniert das Wachstum in Europa. Die Tabelle zeigt für 2009 die 12 Länder, die eine Bevölkerung über 100 Mio. haben. 40 Jahre später sind die letzten drei aus den Rängen 1 bis 12 gefallen, und auch die Reihenfolge hat sich deutlich geändert. Be-

Bevölkerung und Bruttoinlandsprodukt
in den 12 bevölkerungsreichsten Ländern, 2005–2050

2009			2050			2005	
Land	*Bevölkerung*		*Land*	*Bevölkerung*		*BIP zu KKP*	
	Mio.	*kumu-lat. %*		*Mio.*	*kumu-lat. %*	*Mrd. $*	*pro Kopf Welt = 100*
China	1346	19,7	Indien	1614	17,6	2341,0	23,7
Indien	1198	37,2	China	1417	33,1	533,2	45,6
EU-27	500	44,6	EU-27	515	38,8	12572,5	297,3
USA	315	49,2	USA	404	43,2	12376,1	464,5
Indonesien	230	52,6	Pakistan	335	46,8	368,9	26,7
Brasilien	194	55,4	Nigeria	289	50,0	247,3	21,1
Pakistan	181	58,0	Indonesien	288	53,1	707,9	36,1
Bangladesch	162	60,4	Bangladesch	222	55,6	173,8	14,1
Nigeria	155	62,7	Brasilien	219	58,0	1583,2	95,8
Russland	141	64,8	Äthiopien	174	59,9	42,5	6,6
Japan	127	66,6	Kongo	148	61,5	15,7	2,9
Mexiko	110	68,2	Philippinen	146	63,1	250,0	63,1
Welt	6829	100	Welt	9150	100	54975,7	8971

Quellen: United Nations Secretariat (2009), World Population Prospects: The 2008 Revision. Highlights, New York. World Bank (2008), International Comparison Program, Washington. Eurostat.

trachten wir die Europäische Union nicht als Ganzes, dann fällt ihr größtes Mitgliedland Deutschland vom 16. auf den 26. Platz zurück.

Es sind die ärmsten Länder, deren Bevölkerung am schnellsten wächst, während die entwickelten Länder kaum noch zulegen. Bedeutet das, dass die globale Wohlfahrt sinkt? Nicht notwendigerweise. Das hängt vor allem vom Wirtschaftswachstum in China und Indien ab, die zusammen im Jahre 2050 noch immer ein Drittel der Weltbevölkerung ausmachen. Wenn China und Indien ihr Entwicklungstempo der letzten Jahrzehnte annähernd aufrechterhalten, dann nimmt die globale Wohlfahrt zu und die Zentren der Weltwirtschaft verschieben sich deutlich nach Süd- und Ostasien. 2009 waren mit 45 % der Weltproduktion (in der Tabelle zu Kaufkraftparitäten berechnet) noch unangefochten die USA und die EU das Zentrum.

Zu befürchten ist aber, dass die ärmsten afrikanischen Länder südlich der Sahara keinen ähnlichen Aufschwung wie Süd- und Ostasien erleben. Doch eine Milliarde Afrikaner mehr wollen beschäftigt, ernährt und gekleidet werden. Da ist es mit den bisherigen Almosen, Entwicklungshilfe genannt, nicht getan.

Der Migrationsdruck wird unvorstellbar groß. Die Vereinten Nationen schätzen allerdings die Abwanderung aus Asien mehr als doppelt so hoch wie aus Afrika. Nach der mittleren Variante ihrer Prognose erwartet Europa eine jährliche Zuwanderung von etwas unter 1 Million Menschen. Nordamerika nimmt im gleichen Zeitraum ein Viertel mehr Menschen auf. Ökonomisch entstehen daraus wenig Probleme. Es ist die Politik, die sich darauf einstellen muss.

96. Werden China und Indien den Westen einholen? Im Jahr 2005 lag das Wohlfahrtsniveau in China bei etwa 15 % des EU-Niveaus und in Indien bei etwa 8 %. Ist es vorstellbar, dass beide Länder irgendwann mit der EU gleichziehen? Das ist erst einmal eine Frage der Zeit.

Das Problem kennen wir aus der Schulmathematik: Zwei Autos fahren auf der Autobahn in die gleiche Richtung. Das hintere möchte das voraus fahrende einholen. Wie lange braucht es dazu? Wenn wir den Abstand in der Ausgangssituation und die Geschwindigkeitsdifferenz wissen, dann lässt sich das errechnen. Angenommen die europäische Wirtschaft wächst längerfristig im Durchschnitt 1,5 % im Jahr. Dann braucht bei einer Rate von 5,5 % China 50 und Indien 65 Jahre, um die EU einzuholen. Sollte das Wachstum in beiden Ländern gar 8,5 % betragen, dann verkürzt sich der Aufholprozess in China auf 28 und in Indien auf 38 Jahre. Nehmen wir die letzten 20 Jahre zum Vergleich, dann ist für China die rasche Variante wahrscheinlicher, für Indien die etwas langsamere. Die Modellrechnung macht deutlich, dass bei unveränderter Entwicklung die hinteren Autos das voraus fahrende bald eingeholt haben werden.

Auf dem Papier geht das problemlos, aber auch in Wirklichkeit? Kann sich die Entwicklung der letzten Jahrzehnte unvermindert fortsetzen? Können 2,5–3 Milliarden Inder und Chinesen wie 500 Millionen Europäer ernährt, gekleidet, untergebracht, mit allen Konsumgütern und der nötigen Energie versorgt werden, über die gleichen Bildungs- und Gesundheitseinrichtungen verfügen, die gleiche öffentliche Infrastruktur haben? Für den Aufbau ihres Wohlfahrtsniveaus haben die Europäer zweifellos länger gebraucht. Doch das Beispiel Japans zeigt, was möglich ist.

Wenig wahrscheinlich ist es, dass alle erforderlichen Ressourcen – Nahrungsmittel, Energieträger, Rohstoffe – in den beiden Ländern selbst gewonnen werden können. Sie werden teilweise auf dem Weltmarkt zu erwerben sein. Da macht sich bereits eine Wachstumsbremse bemerkbar: Bei einem solchen Nachfrageschub können die Preise nicht unverändert bleiben. Steigende Preise vermindern die Nachfrage und das Wachstumspotential. Anderseits setzen sie einen Innovationsprozess in Gang: Was früher nicht rentabel war, lässt sich jetzt realisieren, so wie beispielsweise das Nordsee-Erdöl erst nach den Ölpreisschocks der OPEC gefördert werden konnte.

Auch auf der Angebotsseite wird der Aufholprozess Chinas und Indiens den Weltmarkt revolutionieren. Hier ist noch einmal Japan als Beispiel zu nennen. Um sich die Ressourcen, die im eigenen Land äußerst knapp zur Verfügung standen, auf dem Weltmarkt beschaffen zu können, musste Japan Industriegüter exportieren. Zu Beginn waren das arbeitsintensive Textilien, dann Schiffe, dann Produkte der optischen und elektronischen Industrie. Heute ist es das gesamte Sortiment eines hochindustrialisierten Landes.

Einen ähnlichen Verlauf muss die Entwicklung in China und Indien nehmen, wollen sie tatsächlich zu Europa aufschließen. Doch auch von dieser Seite aus kann das Wachstum gebremst werden. Die erforderlichen Exporte müssen bereitgestellt und vermarktet werden. Die Nachfrage in den sehr viel langsamer wachsenden Industrieländern hält mit dem angestrebten Entwicklungstempo kaum Schritt. Der Aufholprozess von China und Indien ist weiterhin, trotz der Größe der beiden Länder und der damit verbundenen gewaltigen Eigendynamik, wesentlich von den Bedingungen des Weltmarkts abhängig. Globalisierung ist dort sicher kein Schimpfwort.

97. Ist Globalisierung eine Gefahr für unsere Wohlfahrt? Unter Globalisierung verstehen wir die Tendenz, weltweit freien Verkehr für Ideen, Informationen, Personen, Güter, Dienstleistungen und Kapital zu gewährleisten. Dass damit die allgemeine Wohlfahrt steigt, ist eines der ältesten Theoreme der Ökonomie. Von einem solchen Zustand ist unsere Welt der Nationalstaaten noch weit entfernt. Doch in ihrem regional beschränkten Rahmen stellt die Europäische Union die Vorzüge dieser Grundfreiheiten unter Beweis. Der gemeinsame Markt als Kern der Union beruht auf den Prinzipien der Nicht-Diskriminierung und des freien Wettbewerbs. Jedes der 27 Mitgliedländer und zahlreiche weitere Länder, die gerne beitreten möchten, sehen darin nicht nur eine Sicherheits- und Stabilitätsgarantie, sondern auch Vorteile für die eigenen Bürger. Denn schließlich erfolgt jeder Beitritt freiwillig.

Die Ängste und Bedenken, die in den hochentwickelten Ländern gegen die Globalisierung vorgebracht werden, treffen wir im kleineren Rahmen auch in der EU an. Im Zentrum stehen dabei zwei Themenkomplexe: die Sorge um den Arbeitsplatz und die Angst vor Sozialabbau. Beide werden mit dem Begriff Dumping in Verbindung gebracht – Dumpinglöhne und Sozialdumping. Aus ökonomischer Sicht macht das wenig Sinn. Denn Dumping bedeutet den Verkauf von Waren unter ihren Produktionskosten bzw. unter dem Preis im Ursprungsland. Das ist hier nicht der Fall. Worum geht es wirklich?

Im globalen Wettbewerb konkurrieren die weniger qualifizierten Arbeitskräfte der reichen Hochlohnländer mit den Arbeitskräften der ärmeren Schwellenländer, und zwar hauptsächlich indirekt über ihre Produkte und bis zu einem gewissen Grad auch direkt auf Grund von Zuwanderung. Daraus ergibt sich ein Druck auf die Löhne der gering Qualifizierten. Die Hochqualifizierten stehen besser da: Noch ist die Konkurrenz aus den Schwellenländern gering, und die Nachfrage nach ihren Produkten und Diensten steigt mit der Globalisierung. Die daraus folgende wachsende Ungleichheit der Einkommen können wir im Westen beobachten. Diese Situation ist allerdings nur ein Übergangsphänomen. Haben die Schwellenländer zum Westen aufgeschlossen, dann gleicht sich auch das Lohnniveau an. In den neuen Mitgliedländern der EU in Ostmitteleuropa ist dieser Prozess voll im Gang, und von einer Gefährdung deutscher Arbeitsplätze durch die Osterweiterung kann keine Rede sein.

Der Wohlfahrtsstaat verursacht Kosten, die berüchtigten Lohnnebenkosten. Konkurrieren Wohlfahrtsstaaten wie Deutschland mit Nicht-Wohlfahrtsstaaten auf dem internationalen Markt, dann werden sie mit ihren hohen Kosten aus dem Markt verdrängt – oder nicht? Folglich müssen sie ihr soziales Sicherungssystem zurückfahren, um wettbewerbsfähig zu bleiben. Es setzt ein *race to the bottom* ein. Dieses Argument weist allerdings theoretische und empirische

Schwächen auf. Einkommen aus Arbeit wird insgesamt von der Produktivität bestimmt. Wie man es auf Nettolohn und Sozialbeiträge aufteilt, ist ein politisches Problem der jeweiligen Gesellschaft. Für die internationale Wettbewerbsfähigkeit ist das unerheblich. (Das heißt jedoch nicht, dass es nicht in anderem Zusammenhang problematisch sein könnte). Für die EU lässt sich feststellen, dass das *race to the bottom* nicht stattfindet. Die Sozialsysteme unterscheiden sich in den einzelnen Mitgliedländern erheblich. Der Anteil der Sozialausgaben am BIP ist jedoch nicht auf das niedrigste Niveau gefallen. Vielmehr hat er sich für die reicheren Altmitglieder auf hohem Niveau (26–31 %) eingependelt, während die ärmeren Neumitglieder sich mit 12–18 % begnügen.

98. Bestimmen die endlichen Ressourcen die Grenzen des Wachstums? Das war eine Idee des englischen Ökonomen David Ricardo. Er hat das Argument seines Freundes Thomas Malthus aufgenommen und gezeigt, dass das Bevölkerungswachstum und damit das Wirtschaftswachstum in einen stationären Zustand übergeht. Denn um die wachsende Bevölkerung zu ernähren, muss immer schlechterer Boden unter den Pflug genommen werden solange, bis auf dem schlechtesten Boden gerade noch so viel produziert wird, wie die Arbeiter dort zum Überleben benötigen. Der Gewinn sinkt auf Null – der berühmte tendenzielle Fall der Profitrate – und damit sinkt auch der Anreiz zu investieren.

Schon Ricardo wusste, dass verstärkter Mitteleinsatz auf einem gegebenen Stück Boden den Ertrag erhöht, allerdings nicht beliebig. Das Gesetz des abnehmenden Ertragszuwachses kommt auch da zur Geltung, und damit stoßen wir wieder an eine Grenze. Allerdings bietet technischer Fortschritt einen Ausweg. Doch wenn man nur mit einer natürlichen Ressource, Boden, und nur einem Konsumgut, Korn, rechnet, dann sind die Entwicklungsmöglichkeiten beschränkt. Ricardo war der erste Modelltheoretiker, der elegant zu argumentieren verstand, während die Relevanz seiner Modelle verschiedentlich in Zweifel gezogen wurde. Die Bedenken gegen den ökonomischen «Modellplatonismus» (Hans Albert) sind seitdem nicht verstummt.

Bereits der gesunde Menschenverstand sagt uns, dass die Erde nicht eine beliebig große Bevölkerung ernähren kann. Es wird eine Grenze geben. Doch weder wissen wir, wo diese liegt, noch folgt daraus, dass die Wohlfahrt der Bevölkerung nicht weiter wachsen könne. Denn Wohlfahrt besteht nicht nur aus Essen und Trinken.

Neben dem täglichen Brot ist die Versorgung mit Energie für die Wohlfahrt der Menschen elementar. An diesem Beispiel zeigt sich die Bedeutung des technischen Fortschritts. Als die Wälder Italiens abgeholzt waren, hatte das römische Reich ein Energieproblem. Mit der Nutzung der Kohle wurde die industrielle Revolution möglich. Erdöl war eine Voraussetzung der Mobilitätsgesellschaft. Es handelt sich jeweils um endliche Ressourcen, aber welche Entwicklung! Heute stehen wir an der Schwelle zur allgemeinen Nutzung von Fusionsenergie, thermischer Energie und Sonnenenergie. Das heißt, die Versorgung mit Energie ist eigentlich kein Problem. Das Problem sind die Folgen extensiver Energienutzung: Luftverschmutzung, Klimawandel.

Auch dieses Problem lässt sich in Begriffen endlicher Ressourcen fassen. Die Menschen haben über Jahrtausende Wasser und Luft – und indirekt damit auch das Klima – als freie Güter, als unerschöpfliche Ressourcen behandelt. Heute wissen wir, dass sie nicht unerschöpflich sind. Daraus folgt, dass energieverbrauchendes Wachstum nicht beliebig fortgesetzt werden kann. Über energieneutrales Wachstum ist damit nichts gesagt.

99. Ist der Club of Rome ein Verein unverbesserlicher Pessimisten? 1815 hatte David Ricardo festgestellt, dass das Bevölkerungswachstum in einen stationären Zustand münde. 1956 zeigte Robert Solow, dass die Kapitalakkumulation in einen stationären Zustand münde. Wachstum gibt es demnach nur noch auf Grund von technischem und organisatorischem Fortschritt. 1972 veröffentlichte ein Autorenteam um Dennis Meadows für den Club of Rome den berühmten Bericht über die Grenzen des Wachstums. Mit Hilfe eines Systemmodells für die gesamte Welt werden darin verschiedene Entwicklungsszenarien simuliert. Die Autoren kommen zu dem Schluss, dass man nicht warten dürfe, bis sich diese stationären Zustände von selbst einstellen. Denn das führe in eine Katastrophe. Vielmehr müsse man sie so rasch wie möglich bewusst herbeiführen. Danach könne es weiterhin Wachstum geben, aber nur noch qualitatives, ressourcenneutrales und umweltschonendes Wachstum.

Die Kernbehauptung des Berichts war schockierend: Wenn die

augenblicklichen Wachstumstrends der Weltbevölkerung, der Industrialisierung, der Nahrungsmittelproduktion, der Umweltverschmutzung und der Nutzung nicht erneuerbarer Ressourcen unvermindert fortgesetzt werde, dann sei es höchstwahrscheinlich, dass es zu einem plötzlichen und nicht mehr kontrollierbaren Zusammenbruch der Bevölkerung und der Industriekapazität komme: Hunger, Pandemien, Energiemangel. Und zwar innerhalb der nächsten 100 Jahre. Denn die unkontrollierte Entwicklung schieße über einen möglichen Gleichgewichtszustand hinaus und zerstöre damit die Grundlagen für dieses Gleichgewicht. Seit dem Basisjahr des Modells 1970 sind bereits 40 Jahre verstrichen, und die damaligen Wachstumstrends haben sich unvermindert fortgesetzt.

Als konkrete Ursache für den Zusammenbruch der Produktion wurde eine rapide Abnahme der verfügbaren nicht erneuerbaren Energiereserven erwartet, des Erdöls. Aber auch wenn man jede nur denkbare Annahme über technologische Verbesserungen im Bereich der Energiegewinnung und -nutzung, in der Landwirtschaft, bei der Geburtenkontrolle und im Umweltschutz mache, so der Bericht, die Tatsache der Grenzen des Wachstums bleibe unverrückbar. Mathematisch ist das leicht einzusehen: In einem endlichen System kann es kein unendliches exponentielles Wachstum, d. h. eine konstante positive Wachstumsrate, geben. Wohlgemerkt, das betrifft nur die materielle Sphäre. Zwar hat das Modell von Dennis Meadows und seinen Mitarbeitern zahlreiche Kritiker gefunden, doch an dieser simplen Wahrheit ist kein Vorbeikommen. Diskutieren kann man über den Zeithorizont, über die retardierenden Momente und die möglichen Übergänge in den stationären Zustand.

Wenn es tatsächlich nicht erneuerbare Ressourcen gibt, die für die Aufrechterhaltung des Systems unverzichtbar sind, dann kann der Zustand des Null-Wachstums allerdings kein stabiles stationäres Gleichgewicht sein. Auch bei konstanter Bevölkerung und Produktionskapazität wird ja produziert und werden die nicht erneuerbaren Ressourcen verbraucht. Den Zustand des Null-Wachstums wird man umso länger stabil halten können, je niedriger die Bevölkerungszahl ist und je niedriger die Produktionskapazität und damit die Wohlfahrt ist. Das ist nun wirklich ein Beispiel für die Trostlosigkeit der ökonomischen Wissenschaft. Dabei ist die Wissenschaft völlig unschuldig. Das Katastrophenszenario ist nur Folge der Annahme, dass nicht erneuerbare Ressourcen lebenswichtig sind. Geht man davon aus, dass wir mit erneuerbaren Ressourcen auskommen, z. B. mit der Sonnenergie, und dass der Energieverbrauch umweltneutral ist, dann sieht die Zukunft um einiges rosiger aus.

100. Können wir uns den Kapitalismus noch leisten? Der Bericht des Club of Rome über die Grenzen des Wachstums hat drei mögliche Entwicklungsalternativen präsentiert: uneingeschränktes Wachstum, planmäßige Begrenzung des Wachstums und spontane, naturbedingte Begrenzung des Wachstums. Nur die zwei letzten sind realistische Alternativen, wobei der spontanen Variante allerdings schreckliche Folgen vorhergesagt werden: Nahrungsmittelkrisen, Umweltkatastrophen, Produktionszusammenbrüche.

Doch was heißt spontane Begrenzung des Wachstums? Das System entwickelt sich, so als ob uneingeschränktes Wachstum möglich wäre. Dadurch schießt es über den Zustand eines nachhaltigen Gleichgewichts hinaus und zerstört Ressourcenbasis und Umwelt – die Natur fordert ihren Tribut. Die spontane Entwicklung des Systems hängt mit dem Kapitalismus zusammen, denn hier werden die strategischen Entscheidungen dezentral gefällt. Jeder individuelle Unternehmer, der sich im Wettbewerb über Wasser halten muss, lotet alle sich bietenden Wachstumschancen aus. Die Natur hat eine Wand der Ressourcenbeschränkungen errichtet. Der Kapitalismus rast mit seiner individualistischen Wettbewerbsordnung in hohem Tempo dagegen.

Will man die Katastrophe vermeiden, dann müssen die Bevölkerungsentwicklung und die Kapitalakkumulation rechtzeitig einer planmäßigen Kontrolle unterworfen werden. Angesichts der Tatsache, dass es um nichts weniger als um die ganze Welt geht, muss die Planung auf globalem Niveau stattfinden. Hier zeigt sich deutlich, wie sehr der Bericht des Club of Rome ein Kind der 1970er Jahre ist. Bei aller Kritik, die man der sowjetischen Planwirtschaft entgegenbrachte, war Planung keineswegs tabu. Vielmehr gab es zahlreiche Sozialwissenschaftler, die eine Mischung von Markt und Plan und damit die Konvergenz der Systeme für geboten hielten, nicht nur für die kurzfristige Stabilisierung mittels keynesianischer Planung, sondern eben auch für die langfristige Stabilisierung.

Fragt sich nur, ob diese Schlussfolgerung zwingend ist. Die Systemtheoretiker des Club of Rome hielten nicht viel von ökonomischen Steuerungsmechanismen, von Preisen. Ein Ökonom erwartet, dass sich bei wachsender Verknappung von nicht erneuerbaren Ressourcen die Preise nach oben bewegen und entsprechende Reaktionen bei Konsumenten und Produzenten hervorrufen – Einsparungen, die Suche nach Substituten, verminderte Nachfrage. Nicht alle Probleme kann der Markt spontan lösen. Ein Handel mit Verschmutzungszertifikaten stellt sich nicht von selbst ein. Bei der Kontrolle der Bevölkerungsentwicklung kann man kaum warten, bis alle Länder das Entwicklungsniveau des Westens erreicht haben und der Bevölkerungsübergang in einen stationären Zustand sich von selbst vollzieht. Die Voraussetzung für Chinas jüngere Entwicklung war z. B. eine erfolgreiche Bevölkerungsplanung.

Kapitalismus heißt aber schon lange nicht mehr Laisser-faire und Nachtwächterstaat. Im Kapitalismus des 21. Jahrhunderts hat der Staat einen festen Platz. Es geht um Regulierung versagender und instabiler Märkte, es geht um die Korrektur des Marktergebnisses und damit um soziale Stabilisierung. Wo genau die Verantwortung des Staates liegt und wie weit er auf Grund seiner Information effektiv Verantwortung übernehmen kann, ist umstritten. Ob die Anpassung an ein neues, nachhaltiges Gleichgewicht nun über Preise oder Pläne erfolgt – die erforderliche internationale Koordination wird nur dann gelingen, wenn alle Betroffenen sich mehr oder minder auf gleichem Niveau befinden. Das macht jede Weltklimakonferenz deutlich. Der Aufholprozess der weniger entwickelten Länder ist eine wesentliche Voraussetzung für die Lösung des Problems. Und dafür bedarf es, zumindest noch für einige Zeit, der Dynamik des kapitalistischen Systems.

101. Wächst die Wirtschaft im Paradies? Ganz offensichtlich: nein! Warum sollte sie wachsen? Es gibt doch alles, was das Herz begehrt oder was Gott für das ewige Leben notwendig erachtet. Das mag, wir wissen es nicht, weniger ein Schlaraffenland als die völlige Abwesenheit von Bedürfnissen bedeuten. Auf jeden Fall ist die leidige irdische Grundsituation der Knappheit im Paradies unbekannt.

Ein Paradies auf Erden ist ein Widerspruch in sich. Der voll entfaltete Kommunismus kommt dem allerdings sehr nahe. Auch er kennt den Gegensatz von Schlaraffenland und Bedürfnislosigkeit. Doch Letztere hat Marx als «ganz rohen und gedankenlosen Kommunismus» abgelehnt. Der wahre Kommunismus ist «die wahre Auflösung des Streits ... zwischen Freiheit und Notwendigkeit». Damit verliert die Arbeit ihren zwanghaften Charakter, Knappheit überwinden zu müssen, die Arbeitsteilung wird aufgehoben, und jeder kann sich seinen Neigungen entsprechend betätigen. Im Überfluss ist Wirtschaftswachstum überflüssig.

Die Idee, dass die historische Entwicklung in einen stationären Zustand münde, tauchte im 19. Jahrhundert immer wieder auf. Die Meinungen gingen jedoch auseinander, ob dieser Zustand eine Verelendung der Massen bedeute oder die Aufhebung des ökonomischen Zwangs. Das Besondere der Marxschen Theorie ist, dass er für den Kapitalismus die pessimistische Variante postulierte und für den Kommunismus die optimistische.

Zu den Optimisten zählte auch John Stuart Mill. Das Ende des Wachstumsrennens lässt den Wettbewerbsdruck schwinden und gibt den Menschen die Möglichkeit, sich um andere, um «höhere» Dinge zu kümmern, so Mill. Dass damit der Gegensatz von Kapital und Arbeit und die hierarchische Arbeitsorganisation hinfällig werden, scheint ihm evident. Der Weg in diese jetzt noch utopisch anmutende Welt führt nach Mill nicht über den Sozialismus, sondern über die kapitalistischen Ordnungselemente des individuellen Unternehmertums, des Privateigentums und des Wettbewerbs. Denn nur über das vom Kapitalismus getragene Wirtschaftswachstum nähert man sich dem stationären Zustand.

1930, mitten in der Weltwirtschaftskrise, veröffentliche John Maynard Keynes einen Aufsatz unter dem Titel «Die ökonomischen Möglichkeiten unserer Enkel». Er nimmt an, im Jahr 2030 gehe es allen vier- bis achtmal besser als 100 Jahre zuvor. (Die augenblicklichen Schätzungen für das Jahr 2030 liegen für Großbritannien übrigens bei ungefähr dem Sechsfachen von 1930.) Keynes ist überzeugt, dass die materiellen Bedürfnisse irgendwann gesättigt sind. Das ökonomische Problem der Menschheit, der Kampf ums Überleben, ist dann gelöst: «Zum ersten Mal seit seiner Schöpfung wird der Mensch mit seinem wahren, seinem dauernden Problem konfrontiert sein – wie seine Freiheit von den drückenden wirtschaftlichen Sorgen nutzen». Auch dann wird es noch Leute geben, die weiter nach Reichtum streben. Doch niemand wird sie mehr beneiden oder bewundern.

Heute sind es nur noch 20 Jahre bis 2030. Sind wir der großen Wende vom Reich der Notwendigkeit ins Reich der Freiheit einen Schritt nähergekommen? Für viele mag das zutreffen, aber bei weitem nicht für alle. Doch wir müssen uns mit dieser Idee langsam vertraut machen.

Zitierte und weiterführende Literatur

Einen Überblick über wichtige Werke zum Thema Konjunktur und Wachstum zu geben, würde den Rahmen dieses Bändchens sprengen. Deshalb sei nur das angeführt, was im Text eine Rolle spielt. Auf Verweise zu den genannten Klassikern der Ökonomie wird verzichtet. Hier helfen die zwei von Heinz D. Kurz herausgegebenen Bände weiter.

Acemoglu, Daron (2009), Introduction to Modern Economic Growth, Princeton (Princeton University Press).

Barro, Robert J./Jong-Wha *Lee* (2000), International Data on Educational Attainment: Updates and Implications, CID Working Paper No. 42, Cambridge, Mass. (Harvard University).

Becker, Sascha O./Ludger *Woessmann* (2009), Was Weber Wrong? A Human Capital Theory of Protestant Economic History, Quarterly Journal of Economics 124: 531–596.

Chaudhuri, Kirti N. (1985), Trade and Civilisation in the Indian Ocean. An Economic History from the Rise of Islam to 1750, Cambridge (Cambridge University Press).

Cipolla, Carlo M. (1978), The Economic History of World Population, 7th ed., Harmondsworth (Penguin).

Diamond, Jared (2006), Arm und reich. Die Schicksale menschlicher Gesellschaften, Frankfurt a.M. (Fischer).

Dithmar, Justus Christoph (1745), Einleitung in die Oeconomischen Policei- und Kameralwissenschaften, Frankfurt a.d. Oder (Friedel).

Dumont, Louis (1980), Homo Hierarchicus. The Caste System and Its Implications, Chicago (University of Chicago Press).

Easterlin, Richard (1974), Does economic growth improve the human lot? Some empirical evidence, in: Paul David/ Melvin Reder (Hrsg.), Nations and Households in Economic Growth, New York (Academic Press), S. 89–125.

Fukuyama, Francis (1989): The End of History?, in: The National Interest, Summer 1989: 3–18.

Fukuyama, Francis (Hrsg.) (2008), *Falling Behind. Explaining the Development Gap between Latin America and the United States*, Oxford (Oxford University Press).

Greif, Avner (2006), Institutions and the Path to the Modern Economy: Lessons from Medieval Trade, Cambridge (Cambridge University Press).

Habermas, Jürgen (2008), Ach, Europa. Kleine Politische Schriften XI, Frankfurt a.M. (Suhrkamp).

Hicks, John (1969), A Theory of Economic History, Oxford (Oxford University Press).

Hume, David (1752/1985), Essays Moral, Political, and Literary, (Eugene F. Miller Hrsg.), Indianapolis (Liberty Classics).

Keynes, John Maynard (1930/1972), Economic Possibilities for Our Grandchildren, in: The Collected Writings of John Maynard Keynes, Vol. IX Essays in Persuasion, London (Macmillan): 321–332.

Kuran, Timur (1995) Islamic Economics and the Islamic Subeconomy, Journal of Economic Perspectives 9: 155–173.

Kurz, Heinz D. (Hsg.) (2008/09), Klassiker des ökonomischen Denkens, 2 Bde., München (C.H.Beck).

Lal, Deepak (2005), The Hindu Equilibrium: India c 1500 B. C. – 2000 A. D., Oxford (Oxford University Press).

Lin, Justin Y. (1995), The Needham Puzzle: Why the Industrial Revolution Did Not Originate in China, Economic Development and Cultural Change 41: 269–292.

Maddison, Angus (2001), The World Economy. A Millennial Perspective, Paris (OECD).

Maddison, Angus (2003), The World Economy: Historical Statistics, Paris (OECD).

Maddison, Angus (2007), Contours of the World Economy, 1 – 2030 AD. Essays in Macro-Economic History, Oxford (Oxford University Press).

Meadows, Donella/Dennis L. *Meadows*/Jorgen *Randers*/William W. *Behrens III* (1972), Die Grenzen des Wachstums – Bericht des Club of Rome zur Lage der Menschheit, München (DVA).

Naipaul, V.S. (1977/2002), India: A Wounded Civilization, London (Picador).

Needham, Joseph (1970), Clerks and Craftsmen in China and the West. Lectures and Addresses on the History of Science and Technology, Cambridge (Cambridge University Press).

Pomeranz, Kenneth (2000), The Great Divergence: China, Europe, and the Making of the Modern World Economy, Princeton (Princeton University Press).

Sachs, Jeffrey D./Andrew *Warner* (2001), The Curse of Natural Resources, European Economic Review 45: 827–838.

Stevenson, Betsey/Justin *Wolfers* (2008), Economic Growth and Subjective Well-Being: Reassessing the Easterlin Paradox, Brookings Papers on Economic Activity, Spring 2008: 1–102.

Tocqueville, Alexis de (2005), Textes économiques (Jean-Louis Benoît/Éric Keslassy Hrsg.), Paris (Pocket).

Weber, Max (1904–05). Die protestantische Ethik und der «Geist» des Kapitalismus. Archiv für Sozialwissenschaft und Sozialpolitik 20: 1–54 und 21: 1–110.

Williamson, John (1990), What Washington means by policy reform, in: John *Williamson* (Hrsg.), Latin American Adjustment: How Much Has Happened?, Washington (Institute for International Economics).

Aus dem Verlagsprogramm

101 Fragen

Christof Mauch
Die 101 wichtigsten Fragen: Amerikanische Geschichte
2008. 176 Seiten mit 10 Vignetten. Paperback
Beck'sche Reihe Band 1772

Stefan Rebenich
Die 101 wichtigsten Fragen: Antike
2006. 160 Seiten mit 12 Abbildungen, 2 Karten und
zahlreichen Vignetten. Paperback
Beck'sche Reihe Band 1689

Ulrich Sinn
Die 101 wichtigsten Fragen: Antike Kunst
2007. 160 Seiten mit 32 Abbildungen. Paperback
Beck'sche Reihe Band 1777

Edgar Wolfrum
Die 101 wichtigsten Fragen: Bundesrepublik Deutschland
2009. 152 Seiten. Paperback
Beck'sche Reihe Band 7018

Wolfgang Benz
Die 101 wichtigsten Fragen: Das Dritte Reich
2. Auflage. 2008. 144 Seiten. Paperback
Beck'sche Reihe Band 1701

Hans van Ess
Die 101 wichtigsten Fragen: China
2008. 160 Seiten mit 8 Abbildungen und einer Karte. Paperback
Beck'sche Reihe Band 1799

Johann Hinrich Claussen
Die 101 wichtigsten Fragen: Christentum
3. Auflage. 2008. 150 Seiten mit 12 Abbildungen. Paperback
Beck'sche Reihe Band 1676

Verlag C.H.Beck München

Ilko-Sascha Kowalczuk
Die 101 wichtigsten Fragen: DDR
2009. 159 Seiten mit 9 Vignetten. Paperback
Beck'sche Reihe Band 7020

Herwig Wolfram
Die 101 wichtigsten Fragen: Germanen
2008. 160 Seiten mit 41 Abbildungen. Paperback
Beck'sche Reihe Band 1867

Gero von Wilpert
Die 101 wichtigsten Fragen: Goethe
2007. 166 Seiten mit 11 Abbildungen. Paperback
Beck'sche Reihe Band 1754

Ursula Spuler-Stegemann
Die 101 wichtigsten Fragen: Islam
2., überarbeitete Auflage. 2009. 152 Seiten. Paperback
Beck'sche Reihe Band 7005

Gert-Ludwig Ingold/Astrid Lambrecht
Die 101 wichtigsten Fragen: Moderne Physik
2008. 158 Seiten mit 45 Abbildungen. Paperback
Beck'sche Reihe Band 1794

Gero von Wilpert
Die 101 wichtigsten Fragen: Schiller
2009. 160 Seiten mit 11 Abbildungen. Paperback
Beck'sche Reihe Band 7017

Albert von Schirnding
Die 101 wichtigsten Fragen: Thomas Mann
2008. 144 Seiten mit 12 Abbildungen. Paperback
Beck'sche Reihe Band 1865

Friedemann Schrenk/Stephanie Müller
Die 101 wichtigsten Fragen: Urzeit
2006. 160 Seiten mit 29 Abbildungen. Paperback
Beck'sche Reihe Band 1725

Verlag C.H.Beck München